「食」の図書館

ココナッツの歴史

COCONUT: A GLOBAL HISTORY

CONSTANCE L. KIRKER AND MARY NEWMAN
コンスタンス・L・カーカー／メアリー・ニューマン【著】
大槻敦子【訳】

原書房

目次

［……］は翻訳者による注記である。

序章◉熱帯生まれの人気者

「ココナッツ」という言葉はヤシの木、カクテル、夕日を思い起こさせ、ココナッツの香りがする日焼け止めを全身に塗って甘いカクテルを手にした光景、青い空と紺碧の海がある金色の浜辺へと、瞬時にわたしたちの心を運ぶ。ココナッツについて語るほど楽しくておもしろく、ときにセクシーなことがあるだろうか？

ココヤシはそれ以外にも、アジアの仏塔からピンクフラミンゴまで、人目を引くエキゾチックなイメージと結びつけられることが多いが、どれもみなうっとりするような印象だ。必ずといっていいほどココヤシが描かれていて、裾をズボンにたくし込まずに着るハワイの「アロハ」シャツは、日常から解放されたカジュアルな雰囲気をかもしだし、「リゾート」をアピールしている。退任後はどうするのかと問われたアメリカのバラク・オバマ元大統領は「どこかの浜辺で、ココナッツにストローをさして飲んでいる」かもしれないと語っている。[1]

温暖だがココヤシが育たない地域で暮らす欧米社会の人々にとって、ココナッツのイメー

ラオスのルアンパバーンでココナッツウォーターを飲むオバマ大統領（当時）、2016年。

ジはもとより、味と香りも珍しく、魅力的だ。ココヤシが大量に生育する地域では、それらは人々を支える食料源であるだけではない。そうした場所では、各家庭で日に少なくともひとつはココナッツを消費するといわれ、「ココナッツなしでは生きられない」という言い習わしさえある。ココナッツはあって当然だと思われているのだ。そのため、彼らの愛するココナッツウォーターが、今はやりのスーパーフードとして世界各地でひっぱりだこになり、それが原因で地元での価格が急騰したのを見て、人々は驚き、困惑している。

現代では世界各国でココナッツの香り、食感、味はなじみのあるものになった。缶入りのココナッツミルク、クリーム、ジュースはむろんのこと、すりおろし、加工されて袋に詰められたココナッツも手ごろな価格で簡単に手に入る。加工ココナッツを用いたココナッツレイヤーケーキやココナッツクリームパイなどのレシピ、そしてバウンティ、マウンズ、アーモンド・ジョイといった名の知れたココナッツチョコレートバーは、ココヤシの生えない地域では人気のスイーツだ。

読者によっては、本書の内容がお気に入りのココナッツレシピ――1950～1960年代の母親、祖母、おばたちが、特別な親戚の集まりや教会の夕食会のために心を込めて、また胸を張って作っていた懐かしい味――を思い出す記憶の旅となるかもしれない。またそうなればうれしい。例をあげるなら、筆者の家族や友人のあいだで長年にわたって楽しまれ

「ココナッツの地」インドのケララ州のココヤシ。

「ワトソン夫人のトーストココナッツクリームパイ」。ニューヨークのタヴァーン・レストランが考案した1950年代のレシピを筆者の母がアレンジしたもの。

ているトーストココナッツクリームパイは、ニューヨーク市のタヴァーン・レストランの1950年代のレシピだとわかった。このレシピはたいそうおいしかったため、トゥーガイズというディスカウント・デパートのオーナーだったハーバート・ハブシュマンは、1958年、ニュージャージー州ニューアークにあった事務所の補佐に電話をして、自分が参加していた見本市の開催地であるシカゴまでタヴァーンのココナッツクリームパイを送るよう命じた。補佐は飛行機のファーストクラスを確保して、パイを乗せたという。

アメリカ人読者ならば、アンブロシアを懐かしく思い出すのではないだろうか。アンブロシアは、その名がギリシアの神々しか食べたり飲んだりすることができなかったものに由来する、サラダまたはデザートとして持ち寄りパーティーにうってつけの一品だ。現在、この人気メニューのバリエーションは、1870年代の古い料理本に掲載された最初のレシピにあるオレンジとココナッツのシンプルなものから、パイナップル、マシュマロ、チェリー、サワークリームを使ったアレンジまでさまざまに広がっている。

ケーキ、プディング、キャンディーなどの甘い菓子には、ココナッツを用いたレシピがたくさんある。サトウキビとココナッツが生えている熱帯地方ではどちらも安く簡単に手に入ることを考えればあたりまえだが、その一方で、甘くないココナッツ料理も少なくない。

ココヤシが生育し、実が新鮮なまま消費される国々の料理のココナッツは、欧米諸国でよく知られている乾燥、加工、保存された製品とはまったく異なる味がする。とれたてのココナッツミルクやすりおろしココナッツは、たとえ一流企業の缶詰でも再現できないだろう。

ココヤシが自然に育つ場所では、歴史と文化の面でもココナッツはきわめて重要だ。たとえばヒンドゥー教の伝統では、ココナッツはプラサード、つまり神に捧げ、清められた食べものである。それでいて、ごく普通の食材に見えてしまうほど、料理の材料としてはありふれている。インドのケララ州では、サディヤと呼ばれる華やかなごちそうの多くの品にココナッツが欠かせない。スリランカではココナッツがたいそう重んじられており、婚約したカップルにとってココナッツのない結婚式など考えられないだろう。

ココナッツの文化史をたどるには、聖書、ギリシアやローマの古典、あるいはシェイクスピアや欧米文学の名作など、伝統的な欧米文化からココナッツ関連の記述を探し出して参考にするだけでは不十分だ。ココナッツの初期の歴史とその重要性を理解するためには、ポリネシアの神話やインドのヒンドゥー教の伝統といった、さまざまな参考文献に幅広くあたらなければならない。多くの料理が英語に翻訳されたときに異なる名称や綴りに変わってしまっている。

ココナッツが出てくることで有名な欧米文学には、ハーマン・メルヴィル、ジェームズ・A・ミッチェナー、サマセット・モーム、ロバート・ルイス・スティーヴンソンの作品があり、いずれも作品の舞台に南太平洋を、心に残る象徴としてココヤシを用いている。チャールズ・ノーダフとジェームズ・ノーマン・ホールの小説『戦艦バウンティ号の反乱』〔由良君美訳。角川書店。1963年〕の筋書きは盗まれたココナッツを中心に展開される。J・K・ローリングの『ハリー・ポッターとアズカバンの囚人』〔松岡佑子訳。静山社。2001年〕に登場する魔法使い向けのスイーツショップ、ハニーデュークスで、ピンク・ココナッツアイス（ココナッツ・キャンディー）を売っているように、ココナッツは大衆文化の比喩表現としても取り上げられている。

ココナッツはまさしく「植物王国の万能ナイフ」である。(2) ほかの食用植物とは大きく異なり、ココヤシの木にも、実にも、役立たない部分はほとんどない。ココナッツは食べられるだけでなく、かたい殻（シェル）、葉、コイアと呼ばれるヤシ殻（ハスク）の繊維といった部分も、料理や食用植物の栽培に広く利用されている。たとえば調理や給仕の道具としてだけでなく、食品を加熱するときの燃料にもなるのだ。スリランカやフィリピンからアフリカやカリブ海地域まで、ココナッツが生育する地域では今、さらなる用途を開拓する研究に目が向けられている。政府機関、生産者、起業家はこぞって、ココナッツのすべてが注目されている現在のトレンドを最大限に活用しようと奮闘している。

第二次世界大戦の太平洋戦域で、緊急時に生命を維持する血漿《けつしょう》の代わりに不純物を含まないココナッツウォーターが用いられたことを示唆する文献がある。これは理論的には可能かもしれないが、実例の記録はない。とはいえ、１９４３年に太平洋戦域のアメリカ軍パイロット向けサバイバル訓練で、ココナッツの有用性と活用方法が重要項目だったことは確かである。それは、やむなく緊急着陸した場合に、どこにでも生えているココナッツを含めた現地の動植物を用いて生き延びるための知恵だった。ココヤシはおろか熱帯植物など見たこともなかったアメリカ本土出身の多くの兵は、食料や汚染されていない飲み水の代わりとしてだけでなく、衣服を編む、容器を作る、非常用シェルターを築くためにココナッツを利用する多くの方法を学んだ。地面に穴を掘って作るかまどの点火に利用可能なヤシ殻は、ついでに兵士のタバコに火をつけることもできたため、マッチの節約にもなった(3)。

世界でもっとも有名なココナッツのひとつは、マサチューセッツ州ボストンにあるジョン・F・ケネディ・ライブラリーの彼のデスクにならんでいる。第二次世界大戦中の1943年、海軍中尉だったケネディの哨戒魚雷艇は沈没し、彼と乗組員は太平洋の島で救助された。ココナッツは当時のできごとを忘れないためのしるしだ。ケネディはそのココナッツに自分たちの位置を知らせるメッセージをきざんでソロモン諸島のふたりの先住民に託したのである。ふたりは大きな危険を冒しながらもメッセージを連合軍に届けた。それから2日後、栄養になるものがココナッツしかないなかで命をつないでいた乗組員たちのもとへ、救援が到着した。文字をきざんだココナッツはケネディがこの世を去るまで彼の元にあった(4)。

ココナッツは宇宙の解釈のたとえにもなる。クック諸島の創造の物語では、宇宙は巨大なココナッツの殻のように内側が空洞で、そこには死者の国があり、外側に現世があると説明されている。マレー民族は、地球で暮らす人間のものの見方をたとえる方法としてココナッツを用いている。「ココナッツの殻の内側にいるカエルは、世界はそれだけだと思っている」。ザンジバル島の言い回しはこうだ。「水で満たされたココナッツの殻はアリにとっては大海だ」。インドネシアの表現ではココナッツに宿命論の考えが反映されている。「ココナッツの殻は浮く運命にあり、石は沈む運命にある」

チャールズ・ダーウィンはそれより科学的かつ現実的に宇宙を解釈したが、1836年にイギリス海軍の帆船ビーグル号でココス（キーリング）諸島へと向かう途中、かの有名な進化論にたどり着く研究調査を進めながらも、何度もココナッツの観察を記録し、ココナッツミルクは冷たくておいしいと述べている。彼はまた、島の豚がココナッツを食べてまるまると太っていることに触れ、ココナッツ、どろぼう、カニ、また媚薬のような性質と考えられるものについて言及している。(5)

1912年、リーバ・ブラザーズ（消費財メーカー、ユニリーバの前身のひとつ）の創業者W・H・リーバはココナッツについて次のように記した。「これほどまでに先行きが明るい熱帯農業分野は見たことがない。世界全体を見ても、ここまで時間と資金の投資が報われる産業はほかにないように思う(6)」。今日のココヤシについても同じことがいえる。

第1章◉ルーツからフルーツまで

2016年、インドのゴア州はココヤシを木ではなく草に分類し直すと宣言した。ココヤシは保護対象の樹木からはずれ、何千本ものヤシの木が不動産開発や産業計画による伐採の危険にさらされることになった。

ココヤシはゴアの住民に愛されている。市民はただちに激しくそれに抗議した。環境保護運動家はココヤシに腕を回して「殺さないで。わたしは木です」と書いたプラカードを掲げた。ソーシャルメディアには憤りの声があふれた。抗議活動に驚いたゴア州政府は翌年、宣言を撤回してココヤシの分類を木に戻し、さらにココヤシをゴアの州木に制定した。

植物学者がつけたココヤシの学名はココス・ヌシフェラ（*Cocos Nucifera*）である。「ココナッツ」という言葉の由来はよくわかっていないが、一部の専門家によれば、「にこやかな笑顔」を意味するスペイン語の「ココ」が起源だという。一方で、「ココス」はココナッツを意味する「コチョ」というフィリピンの言葉がヨーロッパにもたらされて変化したものだと考える学者もいる(1)。「ヌシフェラ」はラテン語で「堅果を実らせる」という意味だ。かつてココナッツは「ココアナッツ（Cocoanut）」と綴られていたが、チョコレートの原材料であるココア（カカオ）と紛らわしいことから、その綴りは現在ではほとんど用いられていない。

世界には1500種を超えるヤシの木があるが、ココナッツができるのはココス・ヌシフェラだけだ(2)。ココヤシ種はひとつしかないが、変種はたくさんあり、おおむね「高木（トール）」と「低木（ドワーフ）」のふたつに分けられる。高木のココヤシの木は丈夫で病気に強いが、植えつけてから実がなるまでに8〜10年かかる。低木種は3年で結実し、ココナッツウォーターが高木種よりも甘く、風味豊かだと考えられている。低木種の大きな経済的利点は、樹高が低いためはるかに容易に、また効率的に収穫できるところにある。

ココヤシの繁殖方法は高木種か低木種かによって異なる。いずれも、葉状体から花序と呼ばれる花が出てくる。雄花は枝先にあるが、雌花はそれよりずっと下にある。高木種では雌花が開く前に雄花から花粉が放出されるため、受粉のためには別の木の花粉との他家受粉に頼らなければならない。一方、低木種では雄花と雌花が同時に開花するため、90パーセントが自家受粉だ(3)。

ほとんどの品種は病気やその他の環境要因（たとえば干ばつ）に適応している。名前が実

ココナッツの各部位。ハーマン・アドルフ・ケーラー著『薬用植物 *Medizinal-Pflanzen*』（1887年）より。

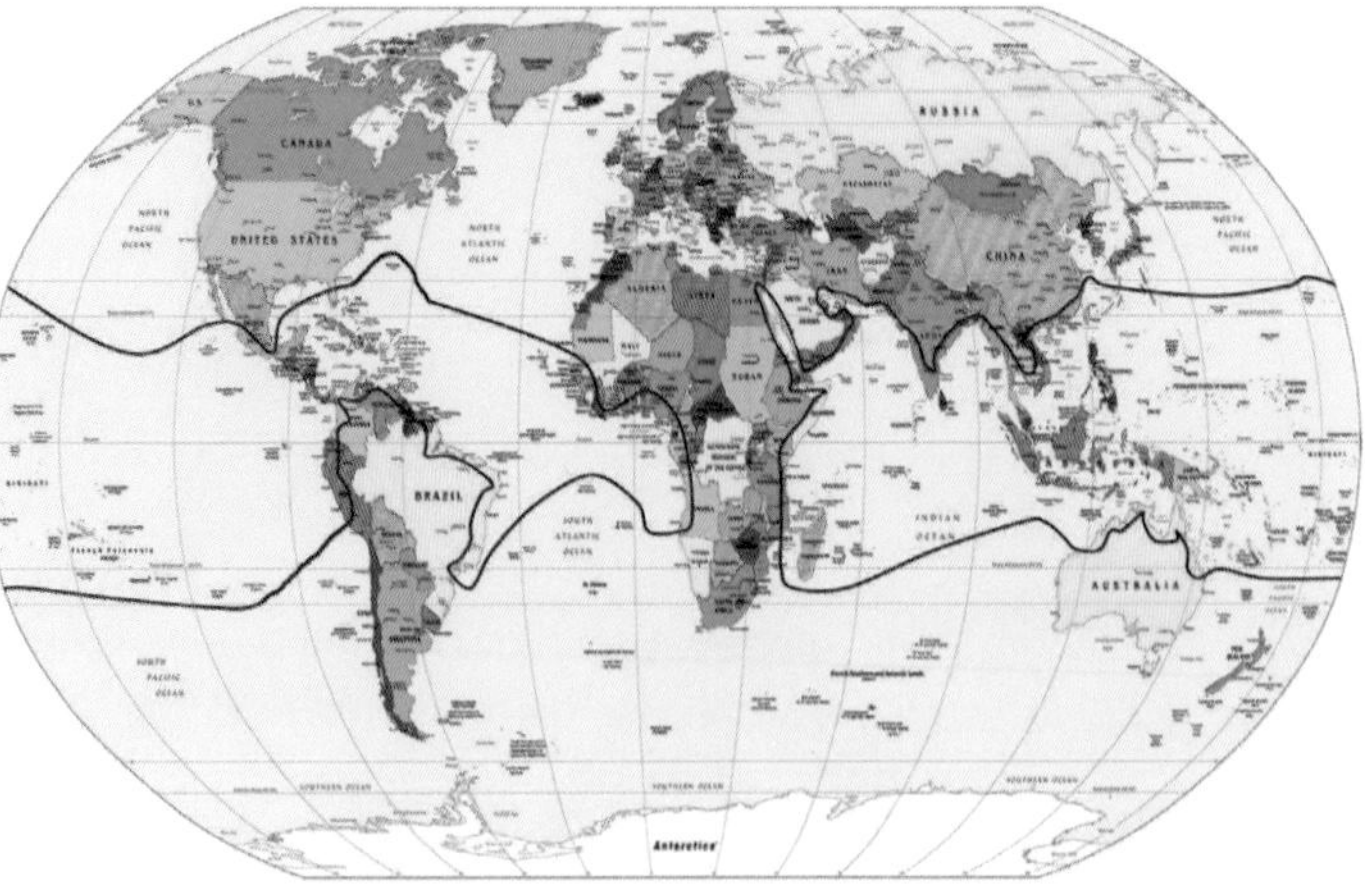

ココナッツ栽培地域を示した世界地図。赤線で囲われた地域で栽培可能。

の色を示していることもある。突然変異で内胚乳が正常に発達せず、空洞がゼリー状の果肉で満たされていて、ほとんど液体がないココナッツもある（インドネシアではコピョル、フィリピンではマカプノと呼ばれている）。

品種はちがっても、疑問は同じだ。ココナッツはくだものなのか、それともナッツなのか？　植物学的にはどちらでもないが、食べようとすると、発達のさまざまな段階で両方の特質を備えているため、わかりにくいかもしれない。若いココナッツはゼリーのような歯ごたえを持ち、くだものと呼ばれることが多い。かたくて白い、すりおろしたココナッツの果肉はどちらかといえばナッツのようだ。ココナッツは専門用語で「繊維状の核果」と呼ばれ、内部に可食部分の仁（じん、または、にん）を持つかたい内果皮を、外側の多肉質の部分が覆っている石果である。

ココナッツには外果皮と呼ばれるなめらかな外側の皮があり、色は緑から赤や茶色までさまざまだ。中果皮はその内側の繊維質なヤシ殻、すなわちハスクである。かたい殻のシェルは内果皮で、内胚乳と呼ばれる仁を包んでいる。種皮は内胚乳を覆う薄くて茶色い皮だ。内胚乳は白い果肉で、12ミリほどの厚さがある。空洞には透明な液体があり、その分量は成熟するにつれて減少する。

ココヤシの寿命は100〜200年である。樹齢15〜30年くらいのもっとも繁殖に適した時期だと、高木種は年間100個の実をつける。(4) 低木種は1本あたりの実の数が20パーセントほど少ないが、密に植えることができるため面積あたりの収穫量は同程度だ。

ココヤシは赤道から南北に緯度23度までのあいだで生育する。この範囲外で生き残っても実はつけない。また、通気性と水はけのよい砂質の土壌でよく育つ。最適な温度は27〜30℃で、海水にも耐えるが、淡水の地下水と湿度の高い環境が必要である。(5)

◉生産と収穫

インドネシアは世界最大のココナッツ生産地で、フィリピンがそれに次ぐ第2位、(6) インドが第3位である。この3か国が世界のココナッツ生産量の約70パーセントを占めており、ブラジル、スリランカ、ベトナムがそれぞれ4〜6位でそれを追う。[7] 農場の面積が4ヘクタールに満たない小規模自作農や小作農の1000万戸超が世界のココナッツの約96パーセントを育てている。総生産量の約70パーセントは国内消費だ。[8]

世界で収穫されるココナッツは年間およそ170億個で、8000万人を超える人々がココナッツの栽培と加工で生計を立てている計算になる。[9] 人口が1億1000万人足らずのフィリピンでは150万人がココナッツ農家であり、それ以外にも2400万人を超える人々が栽培や加工にかかわっている。[10]

ココナッツオイルは重要な輸出商品で、フィリピンは100万トン以上輸出している。インドネシアは50万トンだ。最大の輸入者はヨーロッパで、その量は70万トンを超え、2位のアメリカは60万トンである。[11] ココナッツ商品をヨーロッパに輸入する主要な港はオランダにあり、そこから各国に届けられる。ココナッツオイルはとりわけフランスとドイツで人気がある。[12]

危険な高所作業であるココナッツの収穫方法を学ぶのは人間の労働者だけではない。タイ産ココナッツの消費者の多くは、自分のココナッツがブタオザルが収穫したものだと知って驚くことだろう。タイのサル訓練所でインストラクターをしているアリエン・スフーヴァー

生のココナッツウォーターを飲むフィリピンの少年たち。

スは「タイ産のココナッツ商品で、サルが収穫していないものを探すのは難しいだろう」と述べている。[13] 収穫にサルを使う根拠はおもに経済性だ。訓練されたオスのサルは1日あたり1600個、メスは600個のココナッツを収穫できる。日に80個という人間の生産性と比べてみれば、動物に労働の賃金や手当が不要であることを考慮しなくても、サルが使われる理由は容易に理解できる。文献や説明図からは、ココナッツの収穫にサルを使う方法は太古の昔、紀元前2500年ごろからあるとわかる。[14] 当然のことながら、動物を働かせることには異論もある。動物の権利を主張する運動家らはサルによる収穫を奴隷労働とみなしているが、ブラザー・クワンと名づけられた気の荒い1頭のサルがオーナーの頭にココナッツを投げつけて殺してしまった2009年の事件以降も、その慣行は続いている。

●過激なココナッツ教

1902年、ひとりの無邪気な夢想家が、ココナッツは体によく、あらゆる病気の万能薬であるばかりか、神との一体感を得る手立てでもあると考えた。アウグスト・エンゲルハートは太陽を崇拝するドイツ人ヌーディストで、過激な「ココナッツ食」者だった。1902〜1919年、彼は現在のパプア・ニューギニアにあるカバコン島に住み、ココナッツだけを食べていた。彼の考えにしたがえば、ココナッツは木の高いところ、つまり太陽にもっとも近く、神にもっとも近い場所に実ることから、神のようなものである。くわえてココナッツは人間の頭によく似ているため、「ココナッツ食」は「神食」、つまり「神を食べる」ことだとエンゲルハートは信じて疑わなかった。

少なくとも15人の若者がエンゲルハートの島へ渡り、ゾーネンオーデン（太陽団）カルトに加入した。だが、うまくいかなかった。何人かは命を落とし、残りは体を壊して、エンゲルハートに激怒しながらドイツへ帰国した。世捨て人エンゲルハートは完璧とはいえない彼の楽園の島で暮らし続け、リューマチ、潰瘍、精神病を患い、骨と皮だけになって、44歳で死亡した(15)。

ベトナムのベンチェ省では1960年代にココナッツ僧グエン・タン・ナムの信者が4000人に達したこともあったが、そこでもやはり、ココナッツしか食べず、ココナッツミルクしか飲まないことを奨励するココナッツ教は定着しなかった(16)。

◉すみずみまで食べる

ニーラは開花していないココナッツの花や花序から集められる液体で、仏炎苞《ぶつえんほう》と呼ばれる

ニーラを煮詰めてココナッツシュガーを作る。インドネシア、ジャワ島。

さや状の部位のなかにある。仏炎苞を切ると樹液があふれるようにしたたり、1本の木から1年に300～400リットルの樹液が採れる。樹液はヤシの木に登る「トディ・タッパー」たちの手で朝のうちに集められる。樹液を煮詰めれば、液体のシロップや、固形あるいは小さな粒状のココナッツシュガーができる。発酵させれば、インドでは「トディ」、フィリピンでは「トゥバ」と呼ばれるアルコール飲料になる。トディは酵母菌のように膨張剤としても利用できる。熟成させた樹液はココナッツアミノになり、グルテンも大豆も含まない醤油の代用品になる。ニーラやココナッツウォーターからは酢も作れる。ココナッツ酢はインドネシア、マレーシア、シンガポールでアチャール（生野菜の酢漬け）作りに使われるほか、減量サプリメン

ココヤシの花。次々に開花し、雌花は虫や風によって受粉する。

トとしてブームになっているリンゴ酢の代わりにもなりそうだ。フィリピンのココナッツワインは「ランバノグ」として知られ、現地では5月にココナッツワイン祭りのサングータンが開催される。

ココナッツの花は食べられる。花を凝乳《ぎょうにゅう》と混ぜて、糖尿病患者に与える民族もある。性欲増進の薬として新婚のカップルにプレゼントするという、おもしろい使い道もある。[17]

古くから薬として用いられてきたココナッツウォーターには抗酸化作用があり、肝臓、腎臓、胃、生殖機能の病気に用いられている。[18] 2004年にアメリカで発売されたココナッツウォーターは、その電解質濃度の高さから、早々に市販のスポーツドリンクと競合するようになった。成熟したココナッツよりも口当たりのよい「テンダー」と呼ばれる若いココナッツウォーターのほうが好まれる。

ココナッツの仁は実のなかのかたい内胚乳である。種皮と呼ばれる茶色い薄皮があり、たいていはそれをはがして白い仁だけを取り出す。一般に、むいた種皮は捨てるか飼料にするが、肉の燻製の燻煙材に使うこともある。

ココナッツミルクは、仁に水をくわえて圧搾器あるいは濾過器を通して搾ったものだ。ココヤシが生えていない地域ではおもに缶詰で売られている。保存用に、吹きつけ乾燥してココナッツミルクパウダーにすることもある。ココナッツミルクはおいしいスムージー、スー

ココナッツミルクを手作りする。インド、ケララ州。

ココナッツをすりおろすという力仕事には機械を用いる。フィリピン、セブ島。

プ、カレーの材料になる。オマニ・チキンココナッツカレーのようなレシピでは、ココナッツパウダーをフライパンで炒って、独特の香ばしさを添えている。

ココナッツオイルも仁から作る重要な商品で、産業にも料理にも用いられている。潤滑剤としての産業用ココナッツオイルは、コプラと呼ばれる乾燥させた仁から採る。一方、料理用のバージンココナッツオイルは、熱も薬品も使わずに生の仁を圧搾したものだ。農薬を用いずに育てたココヤシなら、オーガニックバージンココナッツオイルと呼ばれて市場価値が上がる。ココナッツオイルは熱に強く、炒めものや揚げものに使える。しかしながら、ココナッツオイルを料理用の油として用いることについては賛否両論がある。ココナッツの脂肪分が体によいかどうかの議論は次の2つの記事の見出しからよくわかる。「ココナッツオイルは体によくない。昔からずっとそうだった」、「ココナッツオイルは体によい。昔からずっとそうだった[19]」

医学の専門家は長年にわたって、食用油や食品に含まれる飽和脂肪が——不飽和脂肪とは対照的に——健康に悪影響をおよぼすおそれについて警告してきた。ココナッツに含まれる飽和脂肪も、飽和対不飽和の論争から逃れることはできなかった。けれども、ココナッツオイルの飽和脂肪は心疾患と関連がある長鎖脂肪酸トリグリセリドではなく中鎖脂肪酸トリグリセリドであり、むしろ健康上の利点があるかもしれない。ココナッツオイルの脂肪分のう

ココナッツハスクを使ってビビンカを焼く。フィリピン。

ち46〜54パーセントはラウリン酸だ。[20] ラウリン酸は自然界では比較的珍しい飽和脂肪酸で、人間の食生活における主要な摂取源はココナッツミルクと母乳のふたつしかない。一部の研究者は、ココナッツオイルの脂肪はほかのタイプの飽和脂肪ほど有害ではないと考えている。ココナッツオイルはむしろ心臓発作や脳卒中のリスクを下げるために役立つと述べる専門家もいるが、アメリカ心臓協会はココナッツオイルの摂取によって「不健康が相殺されるような好ましい影響」は認められないと述べている。激しい論争に終わりは見えない。[21]

ココナッツの果肉にはさまざまな利用方法がある。すりおろして乾燥させれば、長期保存できる。甘い味をつければ菓子やデザートになり、甘くせずに料理にも利用できる。

バージンココナッツオイルを搾ったあとのココナッツの果肉は、乾燥させてすりつぶし、粉にもできる。ココナッツ粉は繊維質とタンパク質が豊富で、炭水化物が少なく、グルテンが含まれていない。食品メーカーではエナジーバーなどのさまざまな商品で繊維質を増やすためにココナッツ粉を用いている。無駄はいっさい出ない。産業用の油を作る過程で出る残りかすは豚などの動物の飼料にできる。ココナッツで育った豚の肉はとりわけおいしいといわれている。

ココヤシの根はコーヒーの代用になる。先住民の祈禱治療師が昔から泌尿器の病気の治療で根を利尿剤として用いているほか、根は解熱にも有効だと考えられている。[22]

ココヤシの新芽を見せる栽培農家。インド、ケララ州。

ココヤシの葉は蒸し料理で食品を包むために使われ、料理にほのかなココナッツの香りをつける。ココヤシの葉で編んだ包みに入れて蒸す米料理は、フィリピンではプート、インドネシアではクトゥパットと呼ばれ、屋台やレストランでカレーに添えられている。火をつけたハスクの上で焼いて、いぶしたような香りをつける料理もある。米粉とココナッツで作るフィリピンの甘い料理ビビンカはハスクを燃やすオーブンで調理するもので、昔からクリスマスのころに出される料理だが、プートとならんで屋台の定番である。

ココヤシの先端にある芽を使ったサラダは、芽を摘んでしまうと木全体が犠牲になることから「百万長者サラダ」と呼ばれている。芽はゆでるとキャベツのような味がする。

ココナッツシェルからは、カップ、ひしゃく、ボウル、調理容器が作れる。半分に切ったシェルはフィリピンのココナッツダンス用の打楽器になり、映画『モンティ・パイソン・アンド・ホーリー・グレイル』(1975年)で馬のひづめの音に使われたことでよく知られている。「ヤマアラシの木」として知られ、人気があるココヤシの幹も、さまざまな調理用具や食器に加工できる。

ココナッツは熟成するさまざまな段階で味わうことができる。タイでは、まるでゼリーのように柔らかい、熟す前のココナッツの味が好まれるため、若いココナッツは「タイ・ココナッツ」と呼ばれることもある。若いココナッツを用いるタイ料理の代表例はココナッツスープで、細長く切った果肉で作る。タイの料理には、未熟なココナッツを細長く切って麺のように使う料理もある。フィリピンの「ブコ」パイも熟していないココナッツで作られる。

欧米でなじみのあるココナッツは熟したものだ。それらは黄褐色や茶色の「毛むくじゃらの」ココナッツで、人の顔に似た3つの「目」がある。不慣れな人には、それを割って実を取り出す作業は難しい。

完熟ココナッツが内側で発芽して、食用にもなる「ふわふわしたもの」が生えていることがある。これは植物学では吸器というもので、ココナッツの芽、ココナッツアップル、子葉、胚とも呼ばれている。生で食べると、サクサクしていながらスポンジのようで、水分が多く、リンゴのような甘さがある。ハワイでは「イホ」や「ロロ」として知られ、かつては王族しか食べることができなかった。新しい木の生命力が蓄えられているイホには大きな力があると考えられていたため、権力者だけのものだったのだ。

世界中の人がおいしいココナッツ料理を楽しんでいることはまちがいない。だが、いったいどこから始まったのだろう？

第2章◉古くから伝わる寓話

ある兄弟はいいことを思いついた。海岸で見つけたカヌーを盗んで漁に使おう。そのカヌーが悪魔のものだとわかっていたなら、ふたりは絶対に盗んだりしなかっただろう。けれども、もう遅い。魚でいっぱいになったカヌーは、悪魔に執拗に追われることになった。

兄弟は必死で漕いだが、泳ぎの達者な悪魔はどんどん近づいてくる。ひとりが腕いっぱいに魚を抱えて海へ投げた。悪魔はそれをみな飲み込んで、なおも追ってくる。

こわくて死にもの狂いだった兄弟の頭に、同時におそろしいアイデアが浮かんだ。兄弟はナイフをつかむと、土壇場でたがいに切りかかった。弟が勝ち、兄の死骸をばらばらにして――頭は残して――大きく開いた悪魔の口へと投げつけた。

突然のごちそうにありついた悪魔はその場で追うのをやめ、弟は岸へと逃げのびて、兄の頭を埋葬した。その頭から最初のココヤシが生えた。南太平洋のアドミラルティ諸島では、何世代にもわたってココナッツの起源がそのように語られている(1)。

世界にはほかにもココナッツの起源の物語が数え切れないほどあり、たいてい暴力と頭部の埋葬が含まれている。ココナッツが目と鼻のある人間の頭によく似ているからにちがいない。

◉起源と分布

ココナッツの起源をめぐるなぞを解明するために古植物学に目を向けよう。現在のココナッツによく似た中新世（およそ2300万～500万年前）の化石は、ニュージーランドで発見されている。インドの中西部では、それよりさらに古い、3000万～5000万年前ごろの、始新世初期のものと思われるココナッツの化石が見つかっている。[2]

1300個体を超える世界各地のココヤシの標本を用いたDNA調査から、ココナッツは太平洋海盆とインド洋海盆のふたつの異なる場所で栽培され始めたとわかっている。B・F・ガンは「旧世界熱帯地方における栽培ココナッツ（学名 *Cocos Nucifera L.*）の異なる起源 *Independent Origins of Cultivated Coconut (Cocos Nucifera L.) in the Old World Tropics*」（2011年）に次のように記している。

1900年代初めのココナッツのトレードカード。

多湿な熱帯地方における人類の拡散の歴史において、ココヤシ（学名 *Cocos Nucifera L.*）ほど大きな影響をおよぼしているものは植物界にはほかにない。ゆえに、ココヤシ種の分布と栽培の歴史は、本質的に熱帯地方の人類の歴史と絡み合っている。[3]

N・M・ナヤの『ココナッツ――系統史、起源、分布 *The Coconut: Phylogeny, Origins, and Spread*』（２０１７年）によれば、フランスの植物学者エミール・マサルとジャック・バローは「ココナッツがなければ、人間が環状サンゴ島で生きていくことはほとんど不可能だっただろう」と述べている。[4]

ココナッツが海を漂って新たな場所へ自然に広がったのか、もっぱら人間を介して広がったのかは論争の的になっている。自然に分散したという主張は、厚みのあるハスクと内部が空洞になったシェルを持つココナッツが、水に浮き、塩にも耐えられるという点に着目している。[5] 調査によれば、ココナッツは4か月ものあいだ海に浮いていても、十分な広さと栄養がある海岸にたどり着けばうまく根づく。ただし、ヤシガニのような敵はいる。１８３６年にココス諸島へ航海したことで知られるチャールズ・ダーウィンは、この生物を「怪物」と表現している。世界最大の陸上節足動物で、脚を広げると1メートルに達することもあるヤシガニは、ココナッツをこじ開ける力を持ち、ココナッツが芽を出す前にたいらげてしまうのだ。

一方で、ココナッツが人間の手を介して、とりわけポリネシア人の移住によって広がったこともまた事実だろう。たとえば、どれほど長い期間になるのかわからない未知の場所へ旅をするとしよう。これまでずっと暮らしてきた故郷を離れなくてはならない。そのとき荷造りをするなら、必ず自分が好きで、何より安心な食べものを荷物に入れるのではないだろうか。紀元前1000年ごろ、太平洋の島々を探検する危険な航海へと、ニューギニアの海沿いに暮らしていた人々が持っていった先史時代の携行食については、食物史の専門家レイチェル・ラウデンが解説している(6)。手軽で安全な飲み水、そして食料にもなるココナッツは貴重だっただろう。

ポリネシアにはインドネシアから東へ向かって船を進めた移住者が住みついた。彼らはココナッツをはじめとする熱帯植物の栽培に適した島々に定住した。やがて、現在のココナッツ栽培の北限に近いハワイにココナッツが持ち込まれた。自然な漂流と、貿易や移住といった人間の行動を介して、ココナッツの繁殖地域はインドの一部や西南アジアに広がった。料理史の専門家によれば、紀元前1500年ごろにはすでに、ココナッツはインド亜大陸のハラッパー文明で一般的な食事に含まれていたとわかっている。

6世紀になるとアラブの商人が貿易路を支配して、スパイスやココナッツを東アフリカや紅海沿いの港へ持ち込んだ。そこからは砂漠の隊商が品々を運んだ。『千夜一夜物語』にある「船乗りシンドバッドの話」では、シンドバッドが5度目の航海でココナッツを売買する。

それから、船長のところへ行き、乗せてもらえることになったので、ココナッツと所持品を船に積み込んだ。その日のうちに錨を上げて、島から島へ、海から海へと航海し、港に着くたびにココナッツを売ったり交換したりしているうちに、これまで得て失ったよりも多くの金を得ることができた(7)。

13世紀にはイタリアの探検家マルコ・ポーロが、アジアへの航海について記した『東方見聞録』で「ヌクス・インディカ」としてココナッツをヨーロッパに知らしめた。インドで初めてココナッツを知った彼は、それを「ファラオのナッツ」と呼んでいる。そのナッツについて彼は次のように語っている。

ココナッツ(学名 *Cocos Nucifera*)の話は、至極当然ながら、ヨーロッパに持ち込まれたものしか見たことがない人々にもよく知られている。けれども、外側の殻が緑色で、仁がまだゼリー状の、熟していないココナッツから飲む液体のみずみずしいおいしさは、

それらが栽培されている国々で、燃えるような太陽の下を旅した者にしかわからない。(8)

インドで知られるココナッツの起源の物語については、モロッコ生まれのアラブ人旅行家イブン・バットゥータが1300年代の書物のなかで語っている。ココナッツのなかでもディバト・アル＝マハルの島々（モルディブ諸島）のものは人の頭ほどの大きさで、島民は次のように話す。

昔、ある王にインドの哲学者が仕えていた。哲学者は王に高く評価されていた。王には大臣がいたが、哲学者と対立していた。哲学者は王に進言した。「大臣の首をはねて埋めれば、インドはもちろん世界中の人々のためになるでしょう」。王は尋ねた。「おまえのいう首が大臣のものでなければどうする？」哲学者は答えた。「大臣の首と同じく、わたくしの首をはねてお使いください」。そこで王は大臣の首をはねるよう命じ、哲学者はそれをもらって、なかにあったヤシの種子を植え、大きな木に育って実がなるまで世話をした。(9)

ポルトガルの探検家はアフリカの喜望峰を回ってインドの富に達する航路を発見した。

1499年にバスコ・ダ・ガマがインドからヨーロッパへココナッツを持ち帰ってから、ポルトガルはインドに出先機関を置き、インド亜大陸の品々で実入りのよい貿易を始めた。ポルトガルに続いて、まもなくスペイン、オランダ、イギリスもスパイス貿易を支配しようとせめぎ合った。1501年、ポルトガル国王マヌエル1世はスペインのフェルナンド2世とイサベル1世に書簡をしたため、「帆船の索具と飲み水に代わるものとして大きな価値があると、ココナッツをほめたてた[10]」。

16世紀、ポルトガルはアフリカの東西の海岸地方、カーボベルデ群島、カリブ海地方、ブラジルの植民地にココナッツのプランテーションを作った。1670年代までにはスペインも、メキシコを含む新世界の植民地でココヤシを栽培するようになった。メキシコのコリマにあったスペインのココナッツプランテーションは「上等な」ワインを生産していた。おそらく植民地のフィリピンで開発された技術を用いていたのだろう[11]。

のちに、ココナッツはキャプテン・ジェームズ・クック率いる調査隊の1769年の航海で重要な食料源となった。船乗りたちは法外と思える交換レートで現地の人々からココナッツを買い上げた。たとえば、ココナッツ10個を白いガラス玉ひと粒と取引したという[12]。

1789年、イギリス海軍の帆船バウンティ号では、ウィリアム・ブライ艦長が、私用の食品庫からココナッツがひとつ盗まれた腹いせに、乗組員全員に対してラム酒の配給を半

ココナッツと天秤を前にしたポルトガル商人のようす。ディオスコリデスの『薬草についての考察 *Tractatus de herbis*』15世紀版より。商人の天秤がヨーロッパにおけるココナッツの価値を物語っている。

分に減らす罰を与えた。「粗末な配給食を食べるために使うカップ」ときざまれ、かつて艦長の所持品だったココナッツのカップは、２００２年にロンドンのクリスティーズで競売にかけられて、７万１７００ポンド（11万ドル）で落札されている。(13)

博物館に収蔵されている記録によれば、アラブの商人は早くも1世紀には陸路でヨーロッパにココナッツシェルを持ち込んでいた。シェルは珍しく貴重なものとして儀式用のカップに仕立てられ、希少な金属で装飾が施されることもあった。そうした盃は少なくとも１２００年ごろには教皇や王の宝となって、なかでもイギリスや北欧で人気があった。(14) 18世紀までにはココナッツの希少価値が失われ、アメリカ大陸の植民地では一般市民の手に届くようになった。おそらく質素で機能的なひしゃくとして使われたのだろう。

ココナッツもヨーロッパの植民地開拓を通して世界から注目を浴びることになった多くの品のひとつである。植民地主義の明暗入り交じった歴史はインドネシアにあるココナッツの起源の物語に見てとれる。アメタという男は夢のなかで、イノシシ狩りの最中に発見した不思議なものを植えるよう命じられる。いわれたとおりにすると、立派なヤシの芽が出て花が咲いた。9日後、アメタは花が小さな女の子になっていることに気づく。彼はその子を養子にして「ココヤシの枝」を意味するハイヌウェレと名づけた。ハイヌウェレが成長するにつれて、彼女に驚くべき能力があることがわかった――「金のイヤリング、サンゴ、磁器の皿、ブッシュナイフ、銅の容器、どら」といった貴重なものを排泄できるのだ[15]。父親のアメタは裕福になった。ハイヌウェレがアメタのためにいちだんと高価なものを排泄するにつれて、村人は嫉妬と欲にかられるようになった。ハイヌウェレの力を不審に思った村人たちは、彼女を生き埋めにして殺してしまう。

マルク諸島のこの物語は、1930年代になってからドイツの民俗学者アドルフ・E・イェンゼンによって記録されたものである。ある興味深い解説では、植民地主義の弊害が指摘されている。ココナッツの少女ハイヌウェレに象徴されるココナッツの栽培は富をもたらし、それが、彼女が島民のために排泄する交易の品々として描かれている。そのように物語の意味を解釈すると、この話は、外国人や植民地の圧制者が持ち込んだ物質文化の結果として、社会に欲と不平等が生まれたことを示すものである。そこまで政治的ではない別の解釈では、物語は農業の起こりと、ハイヌウェレがもたらした塊茎を含む大地の恵みにまつわるものと考えられている(16)。

◉利用価値の高まり

食品として世界に定着する前、ココナッツは商業的な価値を持つ資産であり、各部分がさ

ハンス・ファン・アムステルダム、台座つきココナッツカップ、1535年。銀メッキ、ココナッツシェル。

まざまな目的に利用されていた。貿易船は積み荷の損傷を防ぐための荷敷きや飲料水としてココナッツを用いた。ココナッツの「毛」のようなコイアは耐水性のある丈夫なロープやマットになり、干した「果肉」のコプラは産業用オイル、石けん、ろうそくに使われた。

19世紀半ばからは、ヨーロッパの主要な植民地大国が、インドを手始めにスリランカ、アフリカ、東インド諸島、太平洋地域にいたる世界各地の支配国でココナッツの栽培を始めた。オイルと乾燥コプラの輸出に向けた大規模なココナッツ栽培は南太平洋地域で開始された。商業用ココナッツの栽培を進めたのは、現地の人々が安い労働力になると気づいたヨーロッパの起業家たちである。1892年までにはポルトガルが、東アフリカのモザンビーク植民地で、会社が所有するものとしては世界最大級のココナッツプランテーションを作り上げた。

1887年にF・W・ローダーが食用ココナッツオイルの精製方法を考案すると、牛脂から作るオレオ油やオレオマーガリンの代わりにココナッツオイルが用いられるようになった。米西戦争後、スペインがフィリピンをアメリカに譲ると、ココナッツのアメリカへの輸出が増えた。ココナッツオイルはマーガリンに使われたが、コプラも産業用の油を作るために利用された。

ココナッツオイルを調理に利用するもうひとつの方法は、19世紀末のイギリスで、ココナ

ビセンテ・アルバン『黒人奴隷を連れた貴婦人とココナッツ Lady with Black Slave and Coconut』、1783年、油彩、キャンバス。

ッツオイルを用いて石けんを製造する大企業の進出により、いくつもの小さな製造所が廃業に追い込まれたときに誕生した。廃業した製造所が機械設備を入れ替え、同じくココナッツオイルを使って魚とポテトを揚げる、フィッシュ・アンド・チップス屋を始めたのである(17)。現在のフィッシュ・アンド・チップス店では、ココナッツオイルはほかの植物油よりも高価とはいえ、揚げもの油としてはもっとも健康的な選択肢だとアドバイスされている(18)。

1800年代、アルフレッド・ノーベルは、石けんを作るときの副産物であるグリセリンが爆発物の製造に使えることを発見した。何年かのちにニトログリセリンの合成代替物が発明されるまで、ココナッツ石けんの製造はたいへん実入りのよい商売だった[19]。

世紀の変わり目までには、乾燥ココナッツの製造機械をはじめとする技術の進歩によって、料理用ココナッツの輸出という新たなチャンスが生まれた。スリランカ（当時のセイロン）で事業を営んでいたイギリス人起業家のヘンリー・ヴァヴァサーは、ココナッツの果肉をすりおろして乾燥させる工程を開発した。乾燥した商品ならまるごとのココナッツよりも輸送が簡単で、運ぶあいだに傷むこともない[20]。

乾燥ココナッツの製造と販売を行う主要な企業といえば、フランクリン・ベイカー社である。同社の物語は、1894年、アメリカのフィラデルフィアで小麦粉商人だったフランクリン・ベイカーが、キューバに送った小麦粉の代金として相手の商人から船いっぱいの生のココナッツを受け取ったところから始まった。ベイカーはココナッツを細かく切って均質な果肉を作る方法を開発し、その細かいココナッツを食品として利用する手順を地元の主婦に広めることに尽力した。同社は現在も乾燥ココナッツの製造では世界最大手であり、フィリピンの工場で作り続けている[21]。

第二次世界大戦時は南太平洋地域が戦場となり、ココナッツが突如として手に入らなくなった。アメリカではココナッツオイルの代わりに大豆油が用いられるようになった。戦争が終わってからも大豆を推進する強力な働きかけがあったため、マーガリンの製造現場にココナッツオイルが戻ることはなかった。

ココナッツは酒宴の世界にも入り込んだ。1930年代にカリフォルニアで誕生したティキ文化は熱帯の南太平洋地域を理想として描くモチーフが特徴である。異国情緒豊かに飾られたバーやレストランは、ココナッツミルクベースやココナッツクリームのアルコール入りカクテルが売りだった。ティキ文化は第二次世界大戦後に太平洋戦域からのアメリカの帰還兵のあいだで人気があったが、現在もレトロなテーマとしてパーティーなどで用いられている。

1952年にプエルトリコでクリーム・オブ・ココナッツ［ココナッツクリームに甘みをつけた、加糖練乳のようなもの］が商品化されると、ピニャ・コラーダが生まれた。ピニャ・コラーダは1978年以降プエルトリコの国民的ドリンクとして、島の高級ホテルの後押しによって世界中から注目されるようになった。けれども、アルコール飲料としてのココナッツはどこでも歓迎されるわけではない。1940年代のインドではマハトマ・ガンディーが社会的衰退を非難し、原因のひとつはココナッツの樹液、ニーラから作られるアルコール飲料のトディだと述べた。インドのタミル・ナードゥ州は1948年にトディの製造と販売を禁じた。同州の法律は23年後に破棄されたが、ビハール、グジャラート、ナガランド

収穫したココナッツをのせて、水牛が引く荷車がゆっくりと進む。フィリピンのフランクリン・ベイカー・プランテーション。1950年代。

加工前にココナッツの外皮をむく労働者。フランクリン・ベイカー社。フィリピン、サンパブロ市。

の各州では今もトディを含めて飲酒が禁じられており、インド全域で祭日や祝日は「禁酒の日」である。

古くから、独特な香りを持つココナッツは南アジアと東南アジアの料理の主要な原材料であり、甘い料理にも甘くない料理にも使われている。ココナッツやその製品を用いた創作料理は世界中に広がっている。興味深い拡大例としては、タイ政府が後押しする「料理外交」におけるココナッツの有効利用があげられる。タイ文化を世界に広めようと、タイ政府は2001年、資金、訓練、備品や材料、さらにはレストランにふさわしい装飾まで提供して、海外でタイ料理レストランを開く起業家を支援する事業を導入した。世界的に認められるレストランを作り、タイ料理の味を広めることを目標に掲げたそのグローバル・タイ・レストラン社は大成功を収めた。

この事業によっておよそ1万5000店のレストランが開業し、タイからの移民とタイ系の国民が合わせて30万人ほどしかいないアメリカでも5000店を超える店舗がオープンした。事業を進めるにあたって、タイ政府はアメリカの消費者を相手にグループインタビュー形式の市場調査を実施した。結果として、ゲーンペッ（レッドカレー）、ゲーンキアオワーン（グリーンカレー）、トムカーガイ（タイ風チキンココナッツスープ）、カオニャオマムアン（ココナッツミルクで炊いたもち米とマンゴーのデザート）といったココナッツ料理が好まれるとわかった。以来、それらは世界で楽しまれるタイ料理の代表例になっている。[22]食品製造会社はココナッツ味のエムアンドエムズやレッドカレー味のポテトチップを試みるなどして、ほかのさまざまな斬新な品々とともに、ココナッツ料理の長い歴史にさらなる商品を積み重ねている。

第3章◉東南アジアと中国

地理的に近いベトナム、タイ、カンボジア、ミャンマー、マレーシア、ラオスでは、いずれも料理にふんだんにココナッツを使う。各国に特有の料理はあるが、多くの料理で似たような材料と手法が用いられ、異なる名前で呼ばれている。

◉ベトナム

ベトナム料理にココナッツは必要不可欠で、甘い料理と甘くない料理の両方で用いられている。ココナッツウォーターが蒸し煮に使われるほか、粗くおろしたココナッツはトッピングになり、ココナッツミルクは種々のカレーに欠かせない。もち米はココナッツミルクで炊くことが多い。ベトナムの多くの魚、そしてカエルの脚までもがココナッツミルクを使った炒めものにされる。

2017年、ハノイにあるアメリカ大使館で、在ベトナムアメリカ大使の男性パートナーは、ベトナムの旧正月「テト」に食べる伝統的なスイーツ作りに参加できて楽しかったと語った。祝いごとのスイーツには大事な役割があり、新しいスタートが「おいしい」ものになることを願って家族や友人に気前よく振る舞われる。白やさまざまに色づけされたココナッツリボンのムッツヅアは、5種類のくだものを大盆にのせた供えもののマムグークアに欠かせない。自家製のスイーツを用意できない家庭では昔ながらの菓子店から購入することが多い。ベンチェ省にあるそうした店では国内外の各地にココナッツ菓子を届けている。

ベトナムで結婚披露宴のために作られる「夫婦」あるいは「結婚」もち、バインフーテー(別名バインスーセー)には、緑豆あんのほか、ココナッツフレークやココナッツミルクを含むベトナム各地のさまざまな材料が用いられている。もちは伝統的にココナッツの葉で作られた折り紙細工のような真四角な箱に詰められている。もちもちとした食感には夫婦がしっかりと絆で結ばれていることを忘れないという意味がある。あんは「夫婦がたがいの愛をしっかりと胸に抱き、守ること」の象徴だと考えられている。[1] 5色のもちの色ひとつひとつが中国哲学の五行思想にある5つの元素(木、火、土、金、水)を表しているといわれることもある。ベトナム料理には中国の医学と哲学の影響が色濃く反映されている。ココナッツの果肉と粉は白(金)、緑豆あんは黄色(土)、ゴマは黒(水)、ココナッツの葉は緑(木)、

ココナッツの収穫が描かれている現代のベトナムのドンホー版画。

そして小さな四角い包みを結んでいるひもは赤（火）だ。

米粉、水、砂糖、イースト、ココナッツミルクで作る、パステルカラーの甘いふわふわした蒸しケーキ、バインボーハプもまたテトによく食べる菓子で、いくつかの異なる名前で呼ばれている。直訳するとバインは「ケーキ」だが、ボーは「雌牛」――ケーキが雌牛の乳房に似ているため――という意味にも、ケーキを蒸したときに膨らんで蒸し器いっぱいになるようすを表す「ひしめく」という意味にもとれる。

ココナッツと緑豆はともに体を冷やす作用があることで知られており、ココナッツミルクをベースにした緑豆デザートスープ、チェーダウサンに欠かせない材料だ。ハスの実、色とりどりのくだもの、たくさんの氷を入れるなど、さまざまにアレンジされるこのぜんざいや汁粉のようなスイーツはとりわけ夏に人気がある。食べる直前にココナッツクリームをかけることも多い。

メコン川デルタの珍味として知られるベトナムの名物料理はドンヅア、つまりヤシオオオサゾウムシ（学名 *Rhynchophorus ferrugineus*）の幼虫である。この料理は男性に精力をつけるといわれ、かなり高価で、1匹が1米ドルもする。ドンヅアの成虫である甲虫はココヤシに穴をあけてなかに入り、卵を産みつける。卵からかえった幼虫はココヤシの新芽を食べ、事実上木を枯らしてしまう。実際、この虫は害虫に指定されており、飼育して繁殖させることは違法である。2001年にベトナムの植物防疫所に禁じられてからというもの、一部の人にとってはますます魅力的な料理になったようだ。愛好家はココナッツで太った幼虫を生きたまま唐辛子入りの魚醤につけて食べるといわれている。(2)

●タイ

タイの仏教にはお守りを身につける伝統があり、穴、つまり目がひとつしかない珍しい変異をしたココナッツは特に縁起がよいと考えられている。そうした特別なココナッツから作られた小さなお守りは数百ドルで売れることもある。

タイには福を呼び、加護を受けると考えられている食べものがある。タイ料理の宝と呼ばれる「9つの縁起のよいデザート」のうち、ココナッツは4種類の料理に含まれている。見た目も美しいそれぞれのスイーツには特別な意味がある。アユタヤ王朝時代(1351～1767)にさかのぼるタイの王宮料理は、もともとタイの国王や王族のためだけに手の込んだ方法で作られていたもので、かつてはレシピも極秘にされていた。現在ではどこでも、目を見張るほど美しい料理が、結婚式や仏教徒の祝日といった特別な日に楽しまれている。

カノムチャンは9層(チャン)になっているカラフルなゼリーケーキで、昇進や繁栄を象

親族によるココナッツ「結婚」もち作りを手伝う筆者ら。ベトナム。2017年。

徴している。緑豆あんを使ったメッドカヌンは、ヌンという言葉がタイ語で「支える」という意味であることから、結婚したふたりの前途への家族や友人の支えを表している。このデザートには蒸してつぶした緑豆とココナッツミルクを用い、煮詰めてから団子状に丸めたものを卵の黄身にくぐらせてシロップで煮る。

ジャーモンクットは、モンクットがタイ語で「王冠」を意味することから、国王に対する伝統的な畏敬の念を表す。かつてこのデザートはタイの王族のためだけに作られていた。作り方が複雑で、難しい手の込んだ模様を彫るため、現在でも市場やベーカリーで見かけることはめったにない。ジャーモンクットは作るのに7時間かかることもある。大きな昇進祝いなどで出されるこのデザートは王冠のような形で、重要かつ尊敬される立場になったことを示し、将来の成功を願うものである。

甘いサネーチャンには、新郎新婦の愛の生活が夜空を明るく照らす満月のように美しいものであってほしいという願いが込められている。材料はすりおろしたココナッツに、小麦粉、砂糖、卵の黄身、米粉、ナツメグ少々を合わせる。

「ココナッツは人生そのもの」。これは、ココナッツのすべての可能性を祝ってタイのパガン（通称パンガン）島で開かれる、東南アジアでもっとも重要なココナッツフェスティバルのテーマである。タイ、ミャンマー、カンボジア、ラオスの仏教徒が新年を祝う水かけ祭りのソンクラーンにも、ココナッツを使ったスイーツが欠かせない。ミャンマーの甘い菓子はみなモウンと呼ばれる。仏教の新年に行われる水かけ祭りの期間によく食べるスイーツのほとんどはココナッツベースである。

欧米の多くの人がたくさんの甘いデザートにくわえて甘くない食べものとしてのココナッツを味わうようになったのは、タイ料理を通してだったといえるかもしれない。タイ料理は各料理、また食事全体において4つの基本的な味——辛味、酸味、甘味、塩味——のバランスがとれていることで知られている。広く知られているタイのデザートで、マンゴーにもち米とココナッツソースを添えたカオニャオマムアンはもちろん、タイ料理レストランであれ

もち米とマンゴーのデザート、カオニャオマムアン。タイ。

タイ料理のマッサマンカレー。フィラデルフィアのカラヤ・レストラン。

ば、ほぼどの店のメニューにも甘くないココナッツ料理、特にトムカーガイ（チキンココナッツスープ）、ゲーンペッ（レッドカレー）、ゲーンキアオワーン（グリーンカレー）がある。必ずココナッツミルクで作られるタイのマッサマンカレーは、2011年にCNNの世界でもっともおいしい料理トップ50の投票で1位を獲得した。

タイ政府は近ごろ、タイを世界有数の食品輸出国にすることを目標に掲げ、「タイは世界の台所」という大きなスローガンのもと、品質基準と技術の高さを前面に押し出している。タイ産ココナッツは世界各地に輸出されており、いたるところにココナッツが生えている中国海南島の高級食材店までもが、きれいにプラスチック包装された新鮮なココナッツをタイから輸入している。欧米の大型スーパーマーケットにはタイ食品コーナーがあり、ココナッツ味のエムアンドエムズやレッドカレー味のポテトチップといった特産品が、エスニック料理や各国料理のコーナーにとどまらず、通常の食品棚にならんでいる。

フィナンシャル・タイムズ紙によれば、最近になって本場のタイ料理がイギリスのパブに登場したきっかけは、どちらかといえば意外な偶然のたまものだった(3)。1988年、ロンドンのノッティング・ヒル・ゲートにあるパブ、チャーチル・アームズのアイルランド人マネジャーだったジェリー・オブライアンが、夕食時のメニューをグレードアップしようとタイ人シェフのコヤチャイ・サムパオトンを試験的に雇った。それから30年以上経った今、ロンドン各地の伝統的なイギリスのパブにはタイ料理があり、ほぼどこでもココナッツを使ったさまざまなカレーやスープを出している。

◉カンボジア

カンボジアの食事となると、欧米人にはほとんどなじみがない。タイ料理に似ているカンボジアのアモックは同国の国民食だと広く考えられている。アモックという言葉はバナナの葉でカレーを蒸す手順を意味している。濃いココナッツクリームとならんで、ショウガに似たガランガルもこの料理に欠かせない。

◉ラオス

ラオスの屋台で人気があるカオノムコクと呼ばれるココナッツパンケーキは、タイ、ミャンマー、インドネシアにもある。7・5センチの半月形をしたこのパンケーキは特殊な鉄板で焼き、トッピング次第で甘い味にも甘くない味にもできる。ラオスには悲しい伝説がある。若い男女が恋に落ちるが、女性の父親に反対される。父親は罠を作って若者を捕らえ、彼を

ラオスのココナッツパンケーキ、カオノムコク。

殺すが、助けに入った女性もまた命を落とす。カオノムコクは毎年太陰暦の6月、月が欠け始めてから6日目（7月後半あたり）に、この悲しい死を悼んで食される。

ラオスのナムヴァンはココナッツミルクベースのデザートで、タピオカと地元産のトロピカルフルーツ——ジャックフルーツ、ライチ、ロンガン（別名リュウガン）——が入っている。ミーカティはココナッツミルクで作る甘いカレーソースを麺にかけたものだ。カオラムは甘いもち米料理で小豆、ココナッツ、ココナッツミルク、砂糖を用い、竹筒に詰める。マレーシアのチェンドルによく似たロットソンは、緑色のミミズのようなにょろりとした麺が特徴的な米のゼリー、ココナッツミルク、パームシュガーのデザートである。ナムカオはパリッと揚げたおにぎりをサラダ——ココナッツ、ソーセージ、ピーナッツ、赤タマネギ、ハーブ、赤唐辛子、エシャロット、ライム——にくわえて、レタスで包んで食べる。ハスの花の形をしたクッキー、カノムドクブアは、ココナッツミルクを入れた生地を油で揚げる。カノムドクブアはインド南部でよく食べる花の形をしたスイーツに似ている。

◉インドネシア

インドネシアの伝統料理の多くはココナッツベースで、ボンゴ・ディランガト（おろした

ココヤシがきざまれた浮き彫り細工。インドネシアのボロブドゥール、9世紀。

てのココナッツ）、フランゴ・ボンゴ（ココナッツミルク）、イヌロ（自家製ココナッツオイル）を使い分ける。インドネシアのジャワ島にはユネスコの世界遺産に登録されているボロブドゥール遺跡がある。その仏教寺院にきざまれた模様は9世紀のものだが、木からココナッツを収穫するようすが描かれている。浮き彫り細工のなかに、米をココナッツミルクで煮た伝統料理キリバットを、スジャータという娘が瞑想を終えた釈迦に捧げるという重要な一幕を描写したものがある。同じ描写はカンボジアやミャンマーの寺院の壁にもあり、仏教徒にとってココナッツミルクをベースにした料理がいかに深い意味を持っているかがよくわかる。

ココヤシの葉を用いたインドネシア、バリ島の供えもの。

世界最大のイスラム教国家インドネシアの島のひとつ、バリ島では、少数派の宗教バリ・ヒンドゥーの信仰でココナッツが重要な役割を果たしている。儀式用の食べものと供えものを準備する行為はそれ自体が宗教的な崇拝の行動であり、多くの宗教において神々をあがめる重要な手段でもある。ココナッツを使った料理を含む儀式的な祝宴は定期的に開かれ、かなりの時間と費用が割かれるが、負担はコミュニティー全体で分担されている。

「薄切り」を意味するラワールはよく知られているが、きわめて傷みやすい、バリ島の宗教的な祝祭の食べものである。ココナッツを使うラワールは、男性の料理専門家の指導で男たちが作るのが伝統だ。長時間かかる祝宴の準備のあいだはココナッツの蒸留酒アラックが飲み放題となり、男同士の結束を固めるために一役買っている。材料をリズミカルにきざみ、ココナッツを割ってすりおろす夜を徹しての作業は儀式の食事の準備に欠かせない。女たちに任されるのは、サラダの材料を洗い、タマネギを炒め、米や野菜を用意して、来客をもてなし、ココナッツの葉を用いて手の込んだ美しい儀式用の供えものを作る仕事だ。仕込みには皮をむいて焼いた新鮮なココナッツと十分に寝かしたココナッツミルクはもちろん、たくさんの野菜や肉が必要である。ラワールには新鮮な豚の血を凝固させたものと、犠牲になった動物の内臓に火を通して細かくきざんだものが欠かせない。ラワールは5種類あり、色によって名前が異なっていて、それぞれが5つの方角を表し、どれもみな焼いたココナッツが材料に使われている。白いラワールはココナッツの果肉とチキンで作るが、ココナッツしか用いないベジタリアン向けのレシピもある。儀式の料理によっては、おろしたココナッツを鮮やかな黄色に染めるためにターメリック（ウコン）が使われることもある[4]。

　バリ島では日々の供えものはむろんのこと、祝いの儀式にもココナッツの葉が欠かせない。サジェンはココナッツの葉で作られたそれぞれ20センチほどの供えもの用の6つの盆で、そこに少量の米、花、塩、唐辛子を盛って、悪霊や凶兆を静めるために女性たちが家の敷地内の特定の場所に置く[5]。バリ島の伝統ではココヤシは多産の象徴だ。子どもが生まれると、親はココナッツの殻に胎盤を入れて敷地内の木に吊るす[6]。バリ島にはほかに、生まれたばかり

ココヤシが描かれたインドネシア、バリ島の伝統的な絵。

の赤ちゃんにココナッツウォーターを与える伝統もある。

「インドネシア料理の王様」として知られるビーフレンダン――牛や水牛の肉をココナッツミルクとスパイスで長時間煮たもの――は2017年にCNNの世界でもっともおいしい料理トップ50の投票で1位を獲得した。(7) レンダン料理はマランダン、つまり忍耐と知恵とあきらめない心を学ぶ修行だといわれる。インドネシアの西スマトラ島の高地で暮らすミナンカバウ民族に起源があるこの料理の4つの材料は、同民族の特徴を表しているといわれている。肉は尊敬されている長老たち、ココナッツミルクは教師、詩人、作家といったコミュニティーの知識人、唐辛子の辛味は宗教指導者とイスラム法「シャリア」だ。スパイスにはレモングラス、ガランガル、コリアンダーが必須だが、コミュニティーがバランスを保ちながら栄えるようにと、多様な社会全体を代表するさまざまな種類が数え切れないほど追加される。(8) インドネシア各地に見られるココナッツベースの料理にはほかにも、黒いココナッツスープのラウォンクルウェクや、すりおろしたココナッツを包んだ鮮やかな緑色のクレープ、ダダールグルンなどがある。(9)

肉を串に刺して焼くサテーの一種でバリ島でよく食べるサテリリットは、おろしたココナッツとひき肉を混ぜ合わせ、ココナッツハスクを燃やしたグリルで焼く。ココヤシの葉状体の主脈は昔からサテーの串に使われている。シンガポールの屋台通りでは、夕方になるとどの店もマレー風のサテーを売る。タレに漬け込んだチキンやビーフを串に刺して焼いたものに、しばしばココナッツ入りのピーナッツソースが添えられている。

◉シンガポール

プラナカン［15世紀後半からマラッカ海峡周辺に移住した中国系移民］の料理も移民を通して発展した伝統料理で、ココナッツをふんだんに用いるが、なかでもラクサと呼ばれるスパイシーな麺料理が知られている。プラナカン文化は、19世紀に交易を行い、やがてペナン、メダン、マラッカ、パレンバン、バタヴィア（ジャカルタ）、シンガポールといった東南アジアの港町で現地の女性と結婚して定住するようになった中国商人の子孫と結びつきがある。「スパイシーな砂」を意味する福建語の言葉がもとになったラクサを生み出したのは、遠い北方のさまざまな麺料理にココナッツを含む現地の材料をくわえて中国系の夫を喜ばせようとしたプラナカンの妻たちだった。結果として誕生した融合料理の伝統は現在も引き継がれている。バリエーションはいろいろあるが、クリーミーなココナッツがきわだっているのはシンガポールのラクサだ。

人口密度の高い都市型国家のシンガポールにココナッツのプランテーションがあるとは想

シンガポールのラクサ。

像しにくいが、19世紀にはコプラを輸出するため、土地の大部分にこの貴重な作物が植えられていた。隅々まで整備された現在の景観にはときおり見栄えのよいココヤシが用いられているが、手当たり次第にココナッツが落ちると人や車に危険をおよぼすため、実をつけさせることは禁じられている。商業の中心地で暮らすという独特な歴史を持つシンガポール国民は、プラナカン、マレー、インド、ヨーロッパを含む各国料理を広く楽しむことで知られている。

シンガポールの朝食によく登場するカヤジャムはマレーシア生まれで、ココナッツ、卵、キャラメルで作る。マレー語のカヤには「豊か」の意味があり、このスプレッドは豊かさの縮図だ。

シンガポールのお祝いや結婚式で人気のスイーツ、プルインティは、蒸したもち米に甘いココナッツフレークをトッピングしてバナナの葉で包み、しばしば小さなピラミッド形に成形されるマレーシアの伝統的なデザート、クイと

シンガポールとマレーシアのプルインティ。

同じものだ。プラナカン料理に取り入れられたプルインティでは、ブンガテラン、別名バタフライピーの青い花にある天然成分を使って米がきれいな淡いブルーに染められていることもある。シンガポールのリトルインディア界隈では、ココナッツがふんだんに使われる南インドのカレーがどこにでもあり、強烈な暑さと湿度のなかで新鮮なココナッツウォーターを飲むこともできる。また、ヒンドゥー教の儀式における伝統的なココナッツの使い方も実際に見ることができる。

◉マレーシア

シンガポール人が大好きなナシレマは、マレーシアでは事実上の国民食だと考えられている。

原書房

〒160-0022 東京都新宿区新宿 1-25-1
TEL 03-3354-0685 FAX 03-3354-073
振替 00150-6-151594

新刊・近刊・重版案内

2022 年 9 月 表示価格は税別です。

www.harashobo.co.jp

当社最新情報はホームページからもご覧いただけます。
新刊案内をはじめ書評紹介、近刊情報など盛りだくさん。
ご購入もできます。ぜひ、お立ち寄り下さい。

テロリストは排斥されるべきモンスターなのか?

普通の若者がなぜテロリストになったのか

戦闘員募集の実態、
急進派・過激派からの
脱出と回帰の旅路

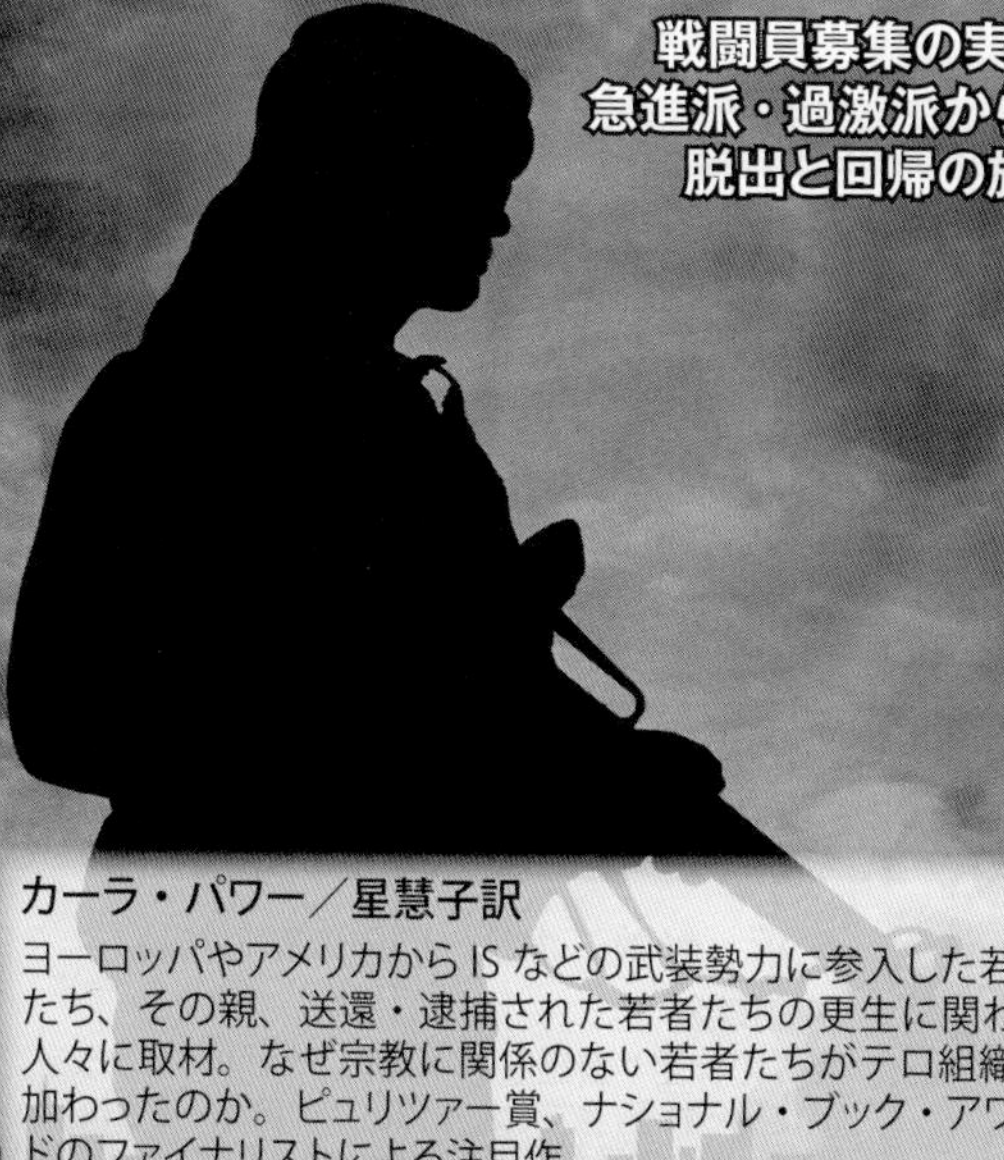

カーラ・パワー／星慧子訳

ヨーロッパやアメリカから IS などの武装勢力に参入した若者たち、その親、送還・逮捕された若者たちの更生に関わる人々に取材。なぜ宗教に関係のない若者たちがテロ組織に加わったのか。ピュリツァー賞、ナショナル・ブック・アワードのファイナリストによる注目作。

四六判・2500 円（税別）ISBN978-4-562-07203-3

全編フルカラー画像で全体像を案内する決定版

ヴィジュアル版］ゴシック全書

ロジャー・ラックハースト／巽孝之監修／大槻敦子訳

ゴシックの歴史的な経緯から発展、そして継承と拡散を、建築から文芸、映像まで、全編にあふれるフルカラー図版とともに案内する唯一無二の「宝庫」。「該博な知識と綿密な調査で説得力十分に実証していく」（巽孝之）

B５変型判・4800円（税別）ISBN978-4-562-07188-3

契形文字からピクトグラム、現代の企業ロゴまで

世界を変えた100のシンボル 上・下

コリン・ソルター／甲斐理恵子訳

このマークはなぜこういう形なのか、どのように生まれたのか？　本書はよく知られた100の記号、シンボルを整理し、それらの起源や作られた経緯などをくわしく見てゆく。アイデアの源泉となるヴィジュアル・レファレンス。

A５判・各2400円（税別）（上）ISBN978-4-562-07208-8
（下）ISBN978-4-562-07209-5

こうして人はメガネの虜になった！ その誕生から最先端デザインまで

フォトグラフィー］メガネの歴史

ジェシカ・グラスコック／黒木章人訳

13世紀に誕生した世界初の老眼鏡から、片眼鏡、オペラグラス、サングラス、レディー・ガガの奇抜なファッション眼鏡まで。ときに富や権力、女性解放の象徴となった眼鏡の意外で奥深い歴史を、豊富なビジュアルで解説。

A５判・3500円（税別）ISBN978-4-562-07201-9

家は安住の場所か？ それとも……

怖い家

伝承、怪談、ホラーの中の家の神話学

沖田瑞穂

世界の神話や昔話などの伝承、現代のフィクション作品に見られる、家をめぐる怖い話の数々。そこに「いる」のは、そして恐怖をもたらすのは、人々にとって家とは何なのか。好評既刊『怖い女』に続く、怪異の神話学。

四六判・2300円（税別）ISBN978-4-562-07202-6

ほのぼの美味しい
ミステリはいかが？

コージーブックス

幸せな聖夜を夢見るアガサに、一通の奇妙な依頼状が届いた

英国ちいさな村の謎⑱

アガサ・レーズンの奇妙なクリスマス

M・C・ビートン著／羽田詩津子訳

クリスマスシーズンを待ちわびているアガサのもとに依頼が舞い込んだ。依頼人は裕福な老女で、家族に命を狙われているので守ってほしいという。まるで探偵小説のような出来すぎた依頼に訝しむも、本当に事件が発生してしまい!? 文庫判・1100円（税別）

ISBN978-4-562-06125-9

楽しいパーティーへようこそ！

ハロウィーンの料理帳

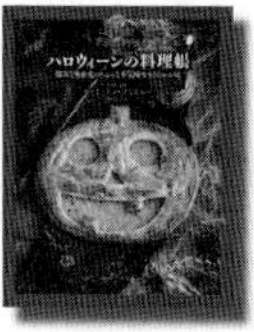

魔女と吸血鬼のちょっと不気味な30のレシ

ヴァンサン・アミエル／熊谷久子訳

大人も子供も楽しめるお祭りハロウィーン。パーティーに加する魔女や吸血鬼になったつもりでハロウィーンのテールを演出しよう。前菜、メインディッシュ、飲み物、デト、おやつまで、ちょっと不気味な 30 のレシピを収録。

B５変型判・2000 円（税別） ISBN978-4-562-0719

「ファンタジー文学の源流」―― 井辻朱美氏推薦！

大英図書館
豪華写本で見る

ヨーロッパ中世の神話伝説の世

アーサー王からユニコーン、トリスタンとイゾルデま

チャントリー・ウェストウェル／伊藤はるみ訳

「ハリー・ポッターと魔法の歴史」展でも話題となた中世の写本を多数収録。英雄とヒロイン、冒険語、魔法の世界など、40 の物語を、大英図書館蔵品の豪華な装飾写本により紹介。図版 250 点。

A５判・4500 円（税別） ISBN978-4-562-0718

ネイチャー誌ほか各紙誌絶賛！ 科学者たちの大いなるジレン

こうして絶滅種復活は現実になる

古代DNA研究とジュラシック・パーク効果

エリザベス・D・ジョーンズ／野口正雄訳

ネアンデルタール人の全ゲノム解析、絶滅種の再生―絵空事と誰も信じていなかった古代 DNA 研究が発展しいった背景には何があったのか。映画『ジュラシック・パーク』の裏側にあった知られざる科学とメディアの力の物語

四六判・2800 円（税別） ISBN978-4-562-0718

極夏彦氏推薦！ 日経（7/30）書評！

図説］台湾の妖怪伝説

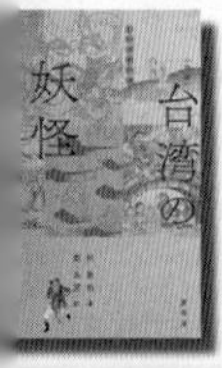

何敬堯／甄易言訳

死んだ人間、異能を得た動物、土地に根付く霊的存在——台湾にも妖怪は存在する。異なる民族間の交流によって生まれた妖怪たちの伝承や歴史をフィールドワークによって得られた資料をもとに辿る画期的な書。カラー図版多数。

A5判・3200円（税別）ISBN978-4-562-07184-5

事から見た暴君たちの素顔。

世界史を変えた独裁者たちの食卓 上・下

クリスティアン・ルドー／神田順子、清水珠代、田辺希久子、村上尚子訳

ヒトラーの奇妙な菜食主義、スターリンが仕掛けた夕食会の罠、毛沢東の「革命的」食生活、チャウシェスクの衛生第一主義、ボカサの皇帝戴冠式の宴会、酒が大量消費されたサダムのディナーなど、この本は暴君たちの食にまつわる奇癖やこだわりを描く。

四六判・各2000円（税別）（上）ISBN978-4-562-07190-6
（下）ISBN978-4-562-07191-3

英帝国の発展と味覚や嗜好の変化の興味深い関係

イギリスが変えた世界の食卓

トロイ・ビッカム／大間知 知子訳

17 - 19世紀のイギリスはどのように覇権を制し、それが世界の日常の食習慣や文化へ影響を与えたのか。当時の料理書、新聞や雑誌の広告、在庫表、税務書類など膨大な資料を調査し、食べ物が果たした役割を明らかにする。

A5判・3600円（税別）ISBN978-4-562-07180-7

とスポーツの関わりとは

スポーツの歴史

その成り立ちから文化・社会・ビジネスまで

レイ・ヴァンプルー／角敦子訳

あらゆる面からスポーツ全般の歴史を描く大著。スポーツのはじまりと時代背景、代表的競技の歴史、政治・権力との関係、ビジネス、文化、環境問題まで、スポーツは人間や社会とどう関わり、発展したのか。

A5判・4500円（税別）ISBN978-4-562-07193-7

郵便はがき

料金受取人払郵便

新宿局承認

6848

差出有効期限
2023年9月
30日まで

切手をはらずにお出し下さい

160-8791

343

東京都新宿区新宿一-二五-一三

(受取人)

原書房

読者係 行

1608791343 7

図書注文書（当社刊行物のご注文にご利用下さい）

書名	本体価格	申込数
		部
		部
		部

お名前　　注文日　年　月　日

ご連絡先電話番号（必ずご記入ください）　□自宅　（　　）　□勤務先　（　　）

ご指定書店（地区　　）（お買つけの書店名をご記入下さい）　帳合

書店名　　書店（　　店）

7213

「食」の図書館 ココナッツの歴史

愛読者カード　コンスタンス・L・カーカー、メアリー・ニューマン 著

＊より良い出版の参考のために、以下のアンケートにご協力をお願いします。＊但し、今後あなたの個人情報（住所・氏名・電話・メールなど）を使って、原書房のご案内などを送って欲しくないという方は、右の□に×印を付けてください。　□

お名前《フリガナ》　　男・女（　　歳）

ご住所　〒　　－

市　町
郡　村
TEL　（　　）
e-mail　@

ご職業　1会社員　2自営業　3公務員　4教育関係
5学生　6主婦　7その他（　　）

お買い求めのポイント
1テーマに興味があった　2内容がおもしろそうだった
3タイトル　4表紙デザイン　5著者　6帯の文句
7広告を見て（新聞名・雑誌名　　）
8書評を読んで（新聞名・雑誌名　　）
9その他（　　）

お好きな本のジャンル
1ミステリー・エンターテインメント
2その他の小説・エッセイ　3ノンフィクション
4人文・歴史　その他（5天声人語　6軍事　7　　）

ご購読新聞雑誌

本書への感想、また読んでみたい作家、テーマなどございましたらお聞かせください。

こうして人はメガネの虜になった！ その誕生から最先端デザインまで

フォトグラフィー〕メガネの歴史

ジェシカ・グラスコック／黒木章人訳

13 世紀に誕生した世界初の老眼鏡から、片眼鏡、オペラグラス、サングラス、レディー・ガガの奇抜なファッション眼鏡まで。ときに富や権力、女性解放の象徴となった眼鏡の意外で奥深い歴史を、豊富なビジュアルで解説。

A5判・3500円（税別）ISBN978-4-562-07201-9

家は安住の場所か？ それとも……

怖い家

伝承、怪談、ホラーの中の家の神話学

沖田瑞穂

世界の神話や昔話などの伝承、現代のフィクション作品に見られる、家をめぐる怖い話の数々。そこに「いる」のは、そして恐怖をもたらすのは、人々にとって家とは何なのか。好評既刊『怖い女』に続く、怪異の神話学。

四六判・2300円（税別）ISBN978-4-562-07202-6

京極夏彦氏推薦！ 重版出来！

図説〕台湾の妖怪伝説

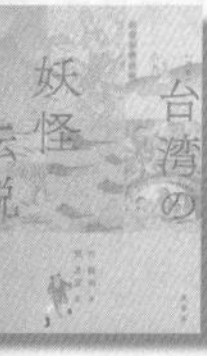

何敬堯／甄易言訳

死んだ人間、異能を得た動物、土地に根付く霊的存在——台湾にも妖怪は存在する。異なる民族間の交流によって生まれた妖怪たちの伝承や歴史をフィールドワークによって得られた資料をもとに辿る画期的な書。カラー図版多数。

A5判・3200円（税別）ISBN978-4-562-07184-5

ネイチャー誌ほか各紙誌絶賛！ 科学者たちの大いなるジレンマ

こうして絶滅種復活は現実になる

古代DNA研究とジュラシック・パーク効果

エリザベス・D・ジョーンズ／野口正雄訳

ネアンデルタール人の全ゲノム解析、絶滅種の再生——絵空事と誰も信じていなかった古代 DNA 研究が発展していった背景には何があったのか。映画『ジュラシック・パーク』の裏側にあった知られざる科学とメディアの力の物語。

四六判・2800円（税別）ISBN978-4-562-07185-2

これは、パンダンリーフで香りづけされることもある濃厚なココナッツミルクで炊いた米に、サンバル（チリソースあるいはペースト）、パリッと揚げた小魚、ローストしたピーナッツ、きゅうりを添え、ゆで卵やトマトをあしらって出される。マレーシアのナシレマ・プロジェクトは、都市部の貧しい家庭を対象にナシレマを売って生計を立てる方法を指導して、会計、材料の調達、物流といった小規模事業を始めるために必要なスキルや知識を育てることを目的にしている。

●中国

中華料理と聞いて即座にココナッツが頭に浮かぶことはないが、唐王朝（618〜907）ではすでに、中世ヨーロッパと同じように、彫刻をあしらって銀などの希少金属を埋め込んだ美しいものとしてココナッツが高く評価されていた形跡がある。海南省ではココナッツシェルの細工彫り技術が国の無形文化遺産に登録されている。繊細なデザインのココナッツの彫りものは現在も土産ものや芸術作品として作り続けられている。技術や知識を共有しようと、海南の名匠が東アフリカ沖のインド洋にある島国セーシェルの匠を訪問したこともある。(10)

「ココナッツ王国」あるいは「ココナッツ島」として知られる南シナ海の海南島では、中国全土のココナッツの99パーセントが栽培されている。この地域にはココヤシの起源にまつわる伝説がたくさんある。そのひとつはこう伝えられている。昔、ひとりの女が浜辺で、帰らぬ船乗りの夫を待ち続けた。女はやがてココヤシへと姿を変え、葉は彼女の帽子になった。(11)愛にまつわる幸せな伝説では、混植されたココナッツとビンロウの実が絡み合った恋人同士として描かれている。

海南島では年に一度、太陰暦の3月3日ごろから10日間にわたってココナッツカーニバルが開かれる。海口市の街頭にはココナッツオイルランプがならび、いたるところでココナッツをもとにした商品や食べものを楽しむことができる。

「ココナッツボート」とも呼ばれ、ココナッツのてっぺんに穴をあけて作るココナッツライスは海南の名物料理だ。穴にもち米とすりおろして甘く味をつけたココナッツの果肉を詰め、ココナッツごと数時間ゆでてから割って食べるこのデザートは、小さな船のような形をしている。

ココナッツライス同様、ココナッツスープもなべの代わりにココナッツの殻で作ってそのまま食卓に出す。弱火で何時間もゆでるため、ココナッツの果肉にハーブやほかの具材の味がしみ込んでいる。具材にはチキンとチョウセンニンジン、あるいはハトとシイタケやハスの実などが用いられる。[12]

はるか昔の宋王朝時代（960～1279）から海南地方で作られているココナッツ酒は、アルコール度がやや低く、ココナッツの香りがきわだっている。ココナッツパンはもちろん、海南省にはたくさんのココナッツスイーツがある。海南スイーツのイーバーは、米粉で作った皮に、切りきざんだココナッツ、ピーナッツ粉、グラマラッカ（ブラウンシュガーに似たキャラメルのような味のパームシュガー）、ゴマ、ショウガ、干し柿のあんが包んである。

干して甘い味をつけたココナッツは、春節の団円飯［大晦日の夜に一族全員が集まって囲む食卓のこと］に不可欠だ。広東語のイェー・ジー（ヤシ）の発音がそれぞれ「祖父」と「孫」という単語の音に似ていることから、円形あるいは八角形の盆に入れた甘いココナッツリボンは団結を象徴し、家族の強い絆と世代を超えた尊敬を願う儒教の考えの表れである。

海南島の名物料理といえば文昌鶏（ウェンチャンジー）で、中華料理の鶏料理のなかでは最高だと多くの人に考えられている。海南には「文昌鶏のない宴など宴ではない」という言い習わしまである。本格的な文昌鶏に使われる海南産のニワトリは9か月のあいだバンヤンの種で育ててから「暗くて静かな場所でカゴに閉じ込める」[13]。その後、ピーナッツ粉の固形飼料、細かくきざんだココナッツの果肉、水草の一種であるヒシ、温かいごはんなどのエサを与えて太らせる。海南から東南アジアへと移住した人々が移住先でもこの鶏料理を好んだため、文昌鶏はのちに東南アジア全域で人気のメニューとなり、起源となった地方の名から海南チキンライスと呼ばれている。

中国の多くの地域では、健康な体を作る完璧なバランスを保つことを目的に、伝統医学によって、食べものが体を温めるものと冷やすものに分けられている。ココナッツは「冷やすもの」と考えられており、その特性はタイやインド南部のスパイシーなカレーを和らげるためにちょうどよい。

中国もココナッツウォーターを使った現在の健康ブームから取り残されてはいないが、ほかの国々同様、宣伝の主張が度を越すこともある。中国のあるココナッツウォーター製造会社は、ココナッツウォーターを飲むと胸が大きくなるとうたって、濡れたTシャツを着た胸の豊かな女性の写真を広告キャンペーンに使用して激しい非難を浴びた。(14)

第4章 ● 南アジア

ポワン・ド・ガルの高い木の上でわたしは育った
黒人の男がわたしを切り落とした
船乗りがわたしを買った
彼はわたしの血を飲んだ
わたしの肉を食べた
わたしの服は脱がされた
そうしてわたしのかけらが
今日までここに残っている[1]

ひとつの詩が、カップとして銀色の台座にはめ込まれたココナッツの殻にきざまれている。

シロメの台座にはめ込まれたふたつきココナッツカップ。船の絵と詩が彫られている。1836年。

現在、アメリカのヴィンタートゥアー美術館、デュポン家のガーデン・アンド・ライブラリー・コレクションにあるそのカップの詩からは、ココナッツが持つ価値の大きさがわかる。詩の語り手はココナッツで、人間の生存に欠かせない食料としての存在から価値ある収集品になるまでの、みずからの一生をうたっている。「ポワン・ド・ガル」はスリランカの港だ。詩がきざまれた1836年当時、スリランカはイギリスの植民地で、交易船がココナッツを荷積みする重要な拠点だった。

世界にはさまざまな農産物を取引する公的または民間の組織が数多くあるが、国内消費と国外輸出の両方でココナッツ取引の継続的な発展を監督する専任大臣が任命される国はひとつしかない。スリランカでは、ココナッツは現代の国民生活にとってきわめて重要だと考えられており、

1976年からココナッツ大臣が置かれている。スリランカ原産のココナッツの変種にはキングココナッツ――現地語ではテンビリー――と呼ばれる鮮やかな黄色のものがある。熟していないキングココナッツウォーターは飲むと格別に甘い。生産者は輸出にあたって、この甘さを売り込み始めている。

世界3位のココナッツ生産国インドにはココナッツに特化した大臣こそいないが、政府は1981年にココナッツ開発委員会を設置し、農業農民福祉省の傘下に置くココナッツ博物館をケララ州コチに設立した。インド政府はまた、ココヤシに登る人材が不足している問題を少しでも解決しようと、フレンズ・オブ・ココナッツ・ツリーと呼ばれる訓練組織を創設した。目標は、無職の若者5000人に、ココヤシの木に登る作業をはじめとするココナッツ栽培の関連技術を訓練することである。アマラギリにあるビショップ・クリアラチェリー・カレッジ・フォー・ウィメンでは2018年に女子学生向けのココヤシ登りならびに収穫の科目が創設された。インドでは日ごろから性別による役割がきっちり分かれていることを考えると、いかにココナッツ産業が国にとって重要で、熟練労働者が不足しているかがよくわかる。

◉インド

ココナッツはインドの文化に深く根ざしている。ヒンドゥー教の聖典ヴィシュヌ・プラーナによれば、ココヤシの誕生には神々と人間の男――もちろんひとりの女性も関係している――との激しい権力争いがかかわっている。超人的な力を持つ有名な聖者ヴィシュヴァーミトラは、友人である人間のトリシャンク王に借りがあった。ある女性に対する不品行が原因で父の手で追放されていたトリシャンク王は、人の姿のまま神々のいる天界へ昇りたいと頼み、ヴィシュヴァーミトラはその願いを叶えた。ほかの聖者や神々はむろんのこと、強大な力を持つ神インドラは、ヴィシュヴァーミトラの大胆な行為は無礼だと腹を立て、人間の王を地上へと投げつけた。ヴィシュヴァーミトラは超人的な力を発揮してトリシャンク王を空中で受け止め、支えを作り、それがココヤシになった。王の頭はココナッツになり、ひげと髪がハスクになった(2)。

ココヤシはカルパヴリクシャである。これは願いを叶える力があることを意味する言葉だ。したがってココヤシはヒンドゥー教の聖なる木であり、神に捧げるもっとも汚れのない供物である。カルパヴリクシャはまた、インドの会社マリコがスポンサーをしている活動の名前でもある。活動では、害虫駆除や栄養管理の技術を通してココナッツの収穫量を上げ、昔な

がらの農家の収入を増やす取り組みが実施されている。(3)

古いサンスクリット語の書物である『マハーバーラタ』や『ラーマーヤナ』、そしてさまざまなプラーナにココナッツに関する記述がある。ヒンドゥー教の祝祭で、人間や動物の頭を捧げる残酷な儀式の代わりにココナッツを用いるようにしたのは、聖者ヴィシュヴァーミトラだといわれている。ココナッツは形が丸く、目があるため、人の頭の象徴になる。聖典アグニ・プラーナやブラフマ・プラーナの時代（800〜900）以降、ココナッツはほぼすべてのヒンドゥー教のプジャ［神像に祈ること］の儀式と祭りに欠かせないものになった。その慣行は現在も続いている。

儀式でココナッツを割るのは、人間のエゴのかたい殻を破壊することのたとえだ。繊維質が多くてかたい外皮は人類にとってもっとも悪いこと、すなわち嫉妬、強欲、性欲、利己的な振る舞いなど、はぎ取るべきものごとを表している。ココナッツ内部の柔らかくて白い果肉は、うちに秘められた光や美しさの表れだ。儀式でココナッツを割る行為には、エゴを捨てる、あるいは超越することで神の本質に触れたい、マイナス思考から脱却して悟りを開きたいという願いが込められている。インドには、信者の集団が寺院の僧に頭の上でココナッツを割ってもらう祭りがいくつもある。

ココナッツにある3つのくぼみはヒンドゥー教でもっとも影響力の大きい3柱の神々、す

ヒンドゥー教寺院でココナッツを割る。インド、ケララ州。

なわち創造のブラフマー、維持のヴィシュヌ、破壊のシヴァを象徴している。ココナッツとバナナは女神ラクシュミーの恵みで、この女神はココナッツを持った姿で描かれることが多い。新たな課題に挑んだり旅に出たりするとき、ヒンドゥー教徒は寺院でココナッツを割って象の頭を持つ神ガネーシャを呼び出し、障壁を取り除く手助けを乞う。礼拝後は、プラサダム（神の恵みを受けた）やプラサード（神聖な）と呼ばれる食べものとして信者にココナッツのかけらが配られる。

ココナッツはインドの通過儀礼に欠かせない要素でもある。子どもの名づけから結婚式はもちろん、死んだときにも、遺体がなければ人間の頭に見立てたココナッツが火葬の儀式に使われることがある。(4) ヒンドゥー教の婚礼では多産、幸運、繁栄の象徴としてココナッツが用いられる。インド南部では、ビーズや宝石で美しく飾ったウェディングココナッツを手に、新婦がウェディングキャノピーまで歩く。結婚式などの特別な社会的また宗教的行事では、編んだココヤシの葉が手の込んだ飾りになる。富を約束するものとして、また伝統的なヒンドゥー教結婚式の証として、農家で米を量るときに用いる木製の容器パラを米で満たし、その上にココナッツの開花前の花序、つまりつぼみを置く。(5)

結婚披露宴の食事は豪華だ。インド南部では特に、小エビのマラバールカレーのようなココナッツをベースにした料理が必ず含まれている。結婚式などのお祝いの席で食べることが

ココナッツを用いた結婚式の装飾。インド、ムンバイ。

多いケララ州の料理といえばシャカラパヤサムだ。古くからパヤサムあるいはプラタマンと呼ばれるこの料理は、米、砂糖、スパイスをココナッツミルクで煮て作る濃厚なプディングで、バナナのようなプランテンの葉に盛りつけるケララ州の伝統的な大皿料理サディヤの隅にのせる。

ケララ州の言語であるマラヤーラム語で「ごちそう」を意味するサディヤは、豪華なベジタリアンの宴会料理で、昔から決まった順序でバナナの葉の上にならべられる。料理の品は28種、特別な場合には64種にのぼり、その多くはメインの材料がココナッツで、ココナッツミルクやココナッツオイルで調理されている。

2009年、ケララ州の寺院で、年に一

度の世界最大の女性の集会がギネス世界記録に認定された。ティルバナンタプラムにあるアトゥカル・バガバシー寺院で行われる宗教の祭りアトゥカル・ポンガラのごちそう作りに250万人の女性が集まったのである。敬虔な女性信者たちは寺院に祀られている女神を静める神聖な料理パヤサムを作った。材料は米、ココヤシの樹液から作る黒糖ジャガリ、ココナッツ、プランテンだ。参加した女性たちは遠距離を旅して、それぞれなべと調理の燃料に使うココナッツハスクを持ち寄った。(6)

「まぜこぜ」を意味するアヴィアルあるいはアヴィヤルはタミル・ナードゥ州でよく食べる料理で、雑多な野菜、ココナッツ、凝乳で作る。その起源はヒンドゥー教の『マハーバーラタ』叙事詩のエピソードにある。パーンダヴァ5兄弟のひとりであるビーマが溺れ死んだと思われたため、盛大な葬儀の宴が計画された。ところがこの英雄は奇跡的に生きて戻ってきた。せっかくの準備を無駄にしてはいけないと、ビーマは料理人に扮してすべての材料をココナッツミルクと混ぜてアヴィヤルを作ってはどうかと提案したという。(7)この料理の誕生にまつわる別の物語では、トラヴァンコールの国王が考え出したといわれている。国王は国民全員にごちそうを与えることにした。ところが臣下が群衆の数を見誤り、途中で食べものが尽きてしまった。そこで国王は料理人に残りかすをすべて集めさせてココナッツミルクで煮るよう命じ、なんとか危機を乗り切ったという。

バナナの葉にのせられた特別な料理サディヤ。インド、ケララ州。

マサラ作り。インド、ムンバイ。

何より印象に残る料理シーンのひとつといえば、ムンバイのマサラワーリス（スパイス商人）による年に一度の行事だろう。家伝のレシピをもとに、乾燥ココナッツを含めて30種類を超えることもある材料を煎って、つぶして、粉状にし、「びん」詰めのマサラを作るのである。毎年行われるこの催しは、現在のムンバイに定住するようになったインド東部の小さなキリスト教徒コミュニティーに伝わる珍しい伝統だ。「びん」を用いるのは、黄褐色のびんがスパイスを太陽光から守る役目を果たすため、煎って混ぜ合わせたスパイスを古いビールびんに入れて保存していた昔の習慣の名残である。かつてはマサラワーリスが一軒一軒を訪ねてびん詰めスパイスを売り歩いたが、現在はムンバイのスパイス市場に多くの女性が押し寄せ、材料を選び、各家庭の味に合うように煎ったりつぶしたりしてもらっている。(8)

インド南部のケララ州は「ココナッツの地」として名高い。マラヤーラム語ではケラは「ココヤシ」、ラムは「土地」を意味する。ココヤシは海岸沿いやよどんだ入り江にたくさん生えている。この地域の料理は圧倒的にココナッツベースだ。ココナッツはスライスする、焼く、すりおろす、すりつぶしてペースト状にするなど、さまざまな方法で利用される。ココナッツオイルは調理に使われ、シェルで作った木炭やハスクは昔ながらの燃料になる。古くからケララの日々の食事の中心となってきたカレーは、ティーヤルやアヴィヤルを含め、ほとんどがココナッツベースである。

プットゥはケララの朝食でよく食べる蒸しケーキのようなごちそうだ。米粉にココナッツをくわえて円柱状の容器に入れる。かつては内側が空洞になった竹筒だったが、現在はプッティキッティと呼ばれる特殊な調理器具がある。食事にはよくトーランと呼ばれる乾燥野菜とココナッツの料理が添えられる。これはあり合わせの葉野菜を細かく切って、おろしたココナッツと合わせるものだ。ほかに、オーランもココナッツミルクの入った野菜のシチューで、ケララのごちそうサディヤに欠かせない。材料はカボチャかトウガン、そして小豆のような形の黒目豆である。インド南部のケララ州とタミル・ナードゥ州でよく食べるココナッツ料理の多くは隣国スリランカにも伝わっている。

釈迦にキリバットを捧げるスジャータの像。スリランカ、キャンディ。

◉スリランカ

スリランカ国民の70パーセント以上は仏教徒だ。ココナッツは仏教の伝統や儀式で重要な役割を担っている。ココナッツオイルでランプの明かりを灯すのは釈迦の悟りの象徴で、邪悪な闇と知識の光の対比は菩提樹——その下で釈迦が悟りを開いたといわれる——崇拝の重要な一部分である。仏教信仰の供えものに花やココナッツオイルは欠かせない。ココナッツオイルは可能なかぎり純度が高くなるよう丹念に作られる。釈迦の誕生、生涯、般涅槃《はつねはん》として知られる再生の輪廻からの解放を祝うウェーサク祭りは、幾千ものココナッツランプが用いられる光の祭典だ。ケーキのような形に仕上げて、ひし形に切ったココナッツミルク米料理のキリバットは

インドの寺院で行われる赤ちゃんの儀式。最初の食事としてココナッツを食べさせている。

釈迦の前に供える食べものである。寺院の壁によく描かれている釈迦の一生のなかでも重要なエピソードとして、スジャータという女性が悟りを得る直前の釈迦にキリバットを捧げる話がある。(9)

キリバット——キリはミルク、バットは米——は現在も、シンハラ民族の宗教儀式、通過儀礼、特別な日のお祝いに作られる重要な料理である。リゾットのような食感のこのシンプルなココナッツ米料理は、離乳食の最初の固形物として乳児に食べさせる。仏教寺院では、家族で行う特別な儀式で赤ちゃんの唇にひと粒の米をのせる。キリバットは伝統的に新年の特別な儀式のあとの最初の食事でいただく。料理に使うのはこの日のために用意する新しい素焼き鉢だ。家族はみなその年の福を呼ぶ方角を向き、

新郎新婦がたがいにキリバットを食べさせる。ダマヤンティ・ウェラピティヤの結婚式。スリランカ、キャンディ。

あらかじめ決められた吉をもたらす時刻に家長がひと口ずつ家族に食べさせる。新年のお祝いでは、この儀式に続いて甘い菓子が出されるが、その多くがココナッツベースである(10)。

結婚式では新郎が新婦にキリバットを食べさせる。スリランカ料理の基本である米とココナッツミルクは繁栄、幸運、幸福の象徴だ。スリランカの結婚式にはほかに、新婦のおじなど、男性の家族が式のあいだにココナッツを割るという伝統もある。儀式の説明のひとつによれば、婚礼の儀が行われる壇上から下りてくる新郎新婦を見ると縁起が悪いことから、来賓の気をそらすためにココナッツを割って大きな音を立てるのだという(11)。

ココナッツは耕作に適したスリランカの土地の20〜25パーセントで栽培されており、生産、加工、販売関係で雇用されているスリランカ人は

135万人を超える。[12] 生産されたココナッツの75パーセント以上は地元で消費され、ココヤシは政府によって保護されている。若いココヤシの伐採は違法だ。

ココナッツが材料に用いられていない食事など、スリランカではほとんど想像できない。ココナッツとココナッツミルクはカレー、サラダ、スイーツに入っている。スパイシーな乾燥ココナッツチャツネのポルサンボルは、おろしたてのココナッツで作る一般的な薬味だ。

ホッパー、あるいは現地語でアッパムとも呼ばれるとても薄いボウル形のパンケーキは、スリランカでよく食されるがインド南部生まれで、生地にココナッツミルクを使うものはミルクホッパーと呼ばれる。生地には膨張剤を入れ、ココナッツのアルコール飲料トディが使われることもある。ストリング・ホッパー（イディアッパム）は同じような米粉の生地をざるのようなもので絞り出して作る細い麺だ。タミル語のイディは「細かくしたもの」でアッパムは「パンケーキ」である。ストリング・ホッパーはカレーと一緒に朝食として食べることが多い。インドのカルナータカ州では、ココナッツミルクとさまざまなフルーツを合わせたラサヤナと呼ばれるココナッツミルクデザート料理にストリング・ホッパーを入れる。驚くことに、ロンドンではホッパーとストリング・ホッパーがパブの人気料理になりつつある。

アチャールあるいはアチャ（マレー・ピクルス）はメイン料理に添えられることが多い。これはココナッツ酢ときざんだ野菜を合わせ、甘酸っぱくスパイシーな酢漬けにしたもので

キングココナッツとホッパー。スリランカ。

ある。スリランカは植民地時代の交易ルート上にあったため、スリランカ料理はオランダとインドネシアの食べものの伝統からも影響を受けている。マレー料理のアチャールは、マレー半島がオランダやイギリスに支配されていた時代にスリランカへ渡った少数派のマレー人社会で生まれたものだ。
スリランカではスイーツは食のアートだと考えられている。卵とバターを使うスイーツはオランダとポルトガルの影響を通じてもたらされた。ジャガリやパームシュガー、カシューナッツ、カルダモン、クローブ、ナツメグを使ったココナッツカスタードのワタラッパンは、スリランカ全域で結婚式や祝いの席によく出されるデザートで、特にラマダン中のイスラム教徒のあいだで人気がある。その名称はタミル語のヴァッティル（カップ）とアッパム（パンケーキ）、そしてオランダ

マリアンヌ・ノース『セイロンのガルに近い海岸のココヤシ Cocoanut Palms on the Coast near Galle, Ceylon』、1876年、油彩、キャンバス。

語でカスタードを意味するヴラという言葉の組み合わせがもとになっている[13]。オランダ生まれのコキスは米粉とココナッツミルクの生地を星や花の形に揚げたもので、新年のお祝いによく用いられる。

ココナッツの糖蜜（樹液から作られるシロップ）と米粉を使うアルワは、スリランカを代表するスイーツとして文化フェスティバルなどで振る舞われている。それよりはるかに作るのが難しく、店で買うことが多いスイーツはアースミで、伝統的に、小さな穴をいくつかあけたココナッツシェルから米粉とココナッツミルクを混ぜた生地を熱い揚げ油のなかに落として作る。そうすることで見た感じがストリング・ホッパーのようなクモの巣状の形ができあがるのだ。パニポルはココナッツジャガリのフィリングを巻いたクレープである。

ヴィクトリア時代の植物画家マリアンヌ・ノースはスリランカ（当時のセイロン）に数週間滞在して木や花を記録した。自伝『幸せな人生の思い出 *Recollections of a Happy Life*』で彼女は「ほんの数メートル先に透きとおった波が押し寄せる黄金色の砂浜で、傾きながら、重い頭と細い幹でバランスを取り、ひとつとして同じものはないカーブを描いているココアナッツはいつもわたしを驚かせた」と述べている。[14] ココナッツウォーターも好きだったノースは、ココナッツは「水のように透明な液体で満たされており、ワインをはじめとするどのような飲みものよりも冷たくておいしい」と記している。[15]

第5章◉南太平洋とフィリピン

ポリネシア神話のさまざまな物語のなかでも、ココナッツの起源の話に登場するマウイという名の英雄は、悪者や怪物の首を切って窮地に立たされた乙女を救う。ココヤシはその死んだ生きものの頭を埋めたところから芽生える。マウイはいたずら好きのヒーロー、道化師、勇者などさまざまな姿で描かれており、邪悪な力を倒すために策略を用いる[1]。南太平洋の神話を取り入れた２０１６年のディズニーの映画『モアナと伝説の海』では、マウイは男性のメインキャラクターである。ヒロインのモアナは美しい島のココナッツのすばらしい点についてよく考えるよう諭される。

南太平洋と聞くと海とココヤシのイメージが呼び起こされるが、そこに食べものが含まれていることはあまりない。トロピカルドリンクはいくつか頭に浮かぶ。けれども、ココナッツが容易に育つこの地域で、ココナッツは今も昔もいったいどのように食べられているのだろう？　熱帯の島々ではやはり、各種の魚がココナッツソースで調理される。冒険小説『宝

ポール・ゴーギャン『食事』、1891年、油彩、キャンバスに貼られた紙。

ヤシが描かれた絵がある。その晩のごちそうにはフランスとタヒチの味を組み合わせた「ココソース」チキンが含まれていた。その宴会のメニュー以外に、ゴーギャンが長いタヒチ暮らしで食べていたものの記録は残っていない。おそらくタヒチの昔ながらの魚料理で、ライムでマリネにした魚をココナッツミルクで和えたエイアオタ、別名ポワソン・クリュを食べたのではないだろうか(4)。

30年後にタヒチを訪れたフランスの画家アンリ・マティスは、伝統料理のマアアタヒチをごちそうになってたいへんうれしかったと妻に書き送っている。ココナッツミルクで料理したパンノキの実（ブレッドフルーツ）を手づかみで食べるのは楽しく、ココナッツミルクとカレーのソースが特においしいと彼は記している。(5)

◉サモア

サモアでは、つぶしたバナナとココナッツクリームのシンプルなスイーツをよく食べる。それよりずっと準備が複雑なパルサミは、ココナッツクリームとタマネギをタロイモの葉で包み、ウムで焼いたものだ。ウムは地面に置かれた一種のオーブンで、熱した溶岩を用いて食べものを調理する。焼く仕事は伝統的に島の男たちが担う。

◉ハワイ

ウムと同じタイプのオーブンはハワイにもある。ハワイではココナッツウォーターが「天国のしずく」を意味するノエラニと呼ばれる。ハワイを代表する図柄であるココヤシは、先史時代の初期の移民によって持ち込まれた。よく知られている伝説では、ココヤシは別世界への道あるいは橋だといわれている。あるとき、ハワイの少年が故郷のタヒチへ戻ってしま

ココナッツの多くの伝統的な利用法を実演している。ハワイ、オアフ島のポリネシアカルチャーセンター。

ハウピアが入っているハワイのマクドナルドのパイ。

った父親を恋しがった。母ヒナは息子のために祈りの歌を歌った。「タヒチのココナッツよ、芽吹いておくれ。はるかなる場所へと旅しておくれ」。すると奇跡が起こり、ココヤシが現れた。少年がココヤシに登るとヤシの木が曲がってタヒチまで伸び、少年は父親と再会することができたという(6)。

タロイモとブレッドフルーツがハワイの食事の基本だが、ココナッツ料理も多い。ハウピアは白いゼリー状のココナッツミルクプディングで、それだけ食べてもよいが、フィリングやトッピングにも利用でき、ウェディングケーキの層にはさんだり、上に塗ったりするために用いられることも多い。ハワイのマクドナルドではハウピアの入った揚げパイがメニューにある。ハワイやサモアでよく食べるパニポポは、加糖練乳とココナッツミルクを甘いロールパンにかけた濃厚なスイーツだ。

◉フィリピン

ニューヨーク市にあるレストラン、マハリカとジープニーのCEO兼シェフであるニコル・ポンセカとシェフのミゲル・トリニダードの料理の本『フィリピン系のわたしと料理 *I Am a Filipino: And This Is How We Cook*』は、2018年にニューヨーク・タイムズ紙で料理本の第1位になり、ほかにも名だたる料理賞を獲得した。ここへきてようやくフィリピン料理が固有のものとして世界に認められるようになってきたのだ。ココナッツはけっして欠かせない材料のひとつである。フィリピン料理の伝統には、東南アジアと南太平洋の料理の要素、そしてスペインの植民地時代の料理が組み合わさっている。ココナッツの生産量で世界2位のフィリピンでは、ココナッツは国内と輸出の両方で経済的に重要な作物である。2500万人を超えるフィリピン人が直接あるいは間接的にココナッツ産業で生計を立てている。けれども、ほかの多くの国々と同じように、フィリピンも気候変動、長い年月が経って生産量が落ちたココヤシ、病気と害虫、労働力の変化の問題に悩まされている。政府や業界団体はそうした問題に対して、積極的な研究と農家への技術支援を通し、新たな変革を促して、生産量を増やすべく努力している。

フィリピンではココナッツがほかにはない独特な形で料理に用いられている。たとえばコ

ココナッツの凝乳ラティク、フィリピン。

ココナッツの凝乳ラティクは、ココナッツオイルを作る過程で生じる副産物で、甘いデザートにふりかけるほか、サラダに歯ごたえと甘味をくわえるためにも使われる。カラバオ（水牛）の乳で作った柔らかいゼリーのようなデザートプディングで「鼓動」を意味するティボクティボクのトッピングにもラティクが使われる。ティボクティボクという名前はコンロの上で生地を煮詰めるときのリズミカルなポンポンという音にちなんでいる。生地の表面はまさに脈打っているように見える。

ココナッツ酢はフィリピンの味の選択肢のひとつで、有名なフィリピン料理である種々のアドボ「酢に漬け込んだ肉を煮込んだ料理」に必ず入っている。「包まれた」という意味のバロットは、おもにアヒルの孵化直前の卵をゆでて殻から直接食べるもので、性欲を促進するといわれており、ココナッツ酢のソ

ウベ・マカプノケーキ、フィリピン。

ースとともに出されることが多い。グルメのあいだからは、ココナッツ酢は次に流行するココナッツ商品になりうるとの声も聞こえる。

マカプノは果肉がゼリー状になるココナッツの変異で、自然発生だが、まれにしか起こらず、およそ100個に1個の割合で見つかる。フィリピンで料理の材料にふさわしいと考えられるようになったのは1930年代で、そのころから伝統的な珍味として食べられている。大きなフィリピン人移民コミュニティーがあるカナダのトロントでは、近ごろココナッツフェスティバルが開催されたが、そのときのフィリピン貿易フォーラムで「マカプノ突破作戦」が展開された。目的は、海外に居住するフィリピン人投資家にフィリピンのケソン州アラバット島の開発支援を促すことだった。貧しい農家が多いその島を、価値の高いマカプノのココヤシを栽培する特区にする計画である。[7] マカプノはハロハロといった昔ながらのスイーツに使うほか、フィリピンで好まれるウベハラヤ（紫色のヤムイモをつぶしたもの）と合わせれば色鮮やかなウベ・マカプノケーキができあがる。ウベ・マカプノフレーバーのアイスクリームはフィリピン全土で大人気だ。

　フィリピンは宗教でも非宗教でも祭りが多いことで知られている。毎年1月15日に開催されるサンパブロ・ココナッツフェスティバルは、ストリートダンスや山車パレードを交えてココナッツのすべてを祝う。ココ・カーニバル・クイーンの候補者は、サンパブロ市の守護者である隠修士聖パウルスに敬意を表して、ココナッツで作られた衣装で競い合う。サンパブロ市はフィリピン最大のココナッツ加工会社のひとつであるフランクリン・ベイカー社の本拠地であり、この地域では多くの家庭がココナッツの生産にかかわっている。

　バルーゴ・サングータン・フェスティバルは宗教、伝統、精霊信仰、そして純粋な楽しみが混ざり合っている。この祭りでは、数か月はもとより数年寝かせたトゥバ（ココヤシの樹液から作るアルコール飲料）から、アルコール含有量が10〜13パーセントのバハリーナを造る作業を尊ぶ。赤い色をしたこの果実酒は、ココヤシの芽から樹液を集めて発酵させたものだ。ランバノグもトゥバを用いた蒸留酒だが、アルコール含有量が40〜45パーセントと高い。

　ギナタンという言葉はココナッツミルクをベースにした料理を指す。ガタは「ココナッツ」

コレッツの工場でかの有名なブコパイを作っているところ。フィリピン、サンパブロ市。

のタガログ語だ。カカニンはもち米とココナッツクリームあるいはココナッツミルクで作るスイーツである。プトは、ビビンカの生地と同じように、トゥバを酵母のように用いて発酵させた米の生地を使う蒸しもちで、どちらもクリスマスの季節に屋台にたくさんならぶ。

ビニグニットは肉の入っていないココナッツミルクベースのスープで、聖週間（イースター前の1週間）に合わせて作り、肉をひかえる聖金曜日に食べる。材料はイモなどの塊茎の作物、細長く切ったジャックフルーツ、サゴヤシからとれるサゴでんぷん、もち米などである。

ルンピアンまたはルンピアンウボドは「フィリピン春巻き」の一種で、おそらく9世紀にフィリピンの港に立ち寄るようになった中国商人がもたらした料理が進化したものだろう。油で揚げるこの春巻きには細長く切ったパームハートが入っている。ハート・オブ・

パームとも呼ばれるそれはココヤシの核にある繊維質な髄で、成長中の新芽だ。ウボド（ココナッツのハート・オブ・パーム）を取り除くとココヤシが死んでしまうため、ウボドはほぼ必ず倒れたココヤシ、あるいはやせてきたために切り倒したココヤシから採る。

ブコパイはフィリピンのルソン島ラグナ州で生まれた人気のココナッツデザートで、現地語で「帰ったときに渡すもの」という意味になるパサルボン、つまり旅行土産や手土産としても好まれている。ブコは「熟す前のココナッツ」を意味するタガログ語で、新鮮で柔らかい若いココナッツの果肉を細長く切ったもの、ココナッツミルク、加糖練乳で作るクリーミーなフィリングが、薄い層になったパイ生地に包まれている。このパイの生みの親はパフド姉妹だというのが定説だ。姉妹のどちらかがアメリカで働いていたときにアップルパイの作り方を学び、1965年にフィリピンに帰国してから、ふたりはリンゴではなくココナッツでそのデザートを作った。現在はラグナ地域の主要3社が最高のブコパイを作ろうと張り合っている。オリエント、コレッツ、レティーズがよく知られているが、それ以外にも20社が独自のバリエーションを出している。このおいしい菓子を国外のフィリピン人や市場に輸出することは難しいが、メーカー各社は急速冷凍などの保存方法を試みている[8]。フィリピン人向け商店以外の店にならぶフィリピン料理が増えるにつれて、世界各地でフィリピン料理の人気が上がっている。

第6章◎アフリカと中東

「ココナッツにかたい殻があるなどというのは腹が減っていない人間だけだ」

マラウイのことわざ

1873年にアメリカ、フィラデルフィアにある壮大なメソニック・テンプルのステンドグラスの窓を作った芸術家のベンジャミン・シューメーカーは、ココナッツのロマンチックでエキゾチックな雰囲気に影響されたにちがいない。なぜなら彼は聖地の図柄で、どう見てもココヤシにしか見えない木の下にモーセと燃える柴を描いているからだ。確かに中東というとヤシの木のイメージが浮かぶが、それらは正確にはココヤシではなくナツメヤシである。ただし、オマーンの沿岸、サララ市を中心とするドファールやイエメンのマフラとハドラマウトといった各行政区には例外的にココヤシが多く生えている。沿岸の気候が適しているることにくわえて、この地域では古くからインドや中国はもちろん、ミャンマー（ビルマ）、

モーセと燃える柴が描かれたステンドグラスの窓。背後にココヤシがある。1873年にベンジャミン・シューメーカーがフィラデルフィアのメソニック・テンプルのためにデザインしたもの。

マレーシア、インドネシアや東アフリカ諸国と海を越えた貿易による結びつきがあった。

オマーンとアラビア海沿岸部から遠く離れたアフガニスタンのカブールの王座では、ムガル帝国の皇帝バーブル（1483〜1530）が『バーブル・ナーマ ムガル帝国創設者の回想録』［間野英二訳注。平凡社。2014〜2015］でココヤシとココナッツに触れており、挿絵つきの版には鳥たちとココヤシを描いた美しい色刷りの絵が入っている。ココナッツウォーターは「味がよく、砂糖を混ぜて夏によく飲む」とバーブルは記している。(1) ムガルの宮廷の写本ニマトナーマ、すなわち喜びの本にあるシャーベットのレシピには、細かくきざんだココナッツ、マンゴー、生のショウガ、タマネギ、ライム汁、カルダモン、クローブ、コショウ、ターメリック、フェヌグリーク（別名コロハ）、アサフェティダ（別名アギ）が必要だと書いてある。[2] 交易でぜいたくな食べものを手に入れるにはココナッツが不可欠だと説いた先人の知恵はもっともであるとバーブルは述べている。「川を走る大型小型の船の索類はみなココナッツの外皮でできている[3]」。

◉オマーン

オマーンでは、ココナッツハスクの繊維コイアで作られたロープが、大洋の航海にふさわ

『バーブル・ナーマ　ムガル帝国創設者の回想録』のページ。ココナッツの木立にいる鳥の姿が描かれている。1588年。

しい伝統的なダウ船を造るために用いられていた。ダウ船は釘を使わずに組み立てる船で、その技術はもしかすると、何百年も前からココヤシが栽培されていたインドの貿易相手から学んだものかもしれない。モロッコの旅行家イブン・バットゥータは1325～1354年に記した文献で、そうした船はジャルバと呼ばれるコイアで結ばれており、人気のスパイスミックス、ザータルには「インドのナッツ」と呼ばれるものが入っていると述べている。(4)

7世紀にイスラム教が誕生すると、有力なアラブの帝国がスパイス航路に沿って商いをするようになった。スパイス貿易ではインドやそれより遠い場所からの船がオマーンを経由したために、オマーンのレシピにはクミン、コリアンダー、ターメリック、シナモン、クローブなどインドのスパイスを用いた料理がたくさんある。チキンココナッツカレーのククパカは使用するスパイスから考えてインドがルーツだと思われる。(5)長い航海にも耐えられるように、東アフリカのココナッツミルクは長期間保存できるパウダー状にされた。

ココナッツ入りのデザートや菓子は中東各国でも人気があり、ラマダンの断食明けの祝宴で楽しまれている。オマーンの伝統的なココナッツクッキー、クワシャトアルナルジーリは、細かくきざんだココナッツ、粉乳、そして砂糖のたった3つの材料でできている。パリッとした白い木の皮のように見えるこのクッキーは、紅茶やコーヒーに添えることが多い。また、チャクラマと呼ばれる菓子はマカルーン［第7章参照］によく似ており、カルダモンの香り

がくわえられている。(6)

◉エジプト

エジプトでは、ソビアというドリンクがラマダン月のイフタール［日中の断食を終えてから食べる食事］でよく飲まれている。冷やして出されるこの飲みものはココナッツミルクをベースに、タマリンド、カルダモン、シナモンなどでさまざまに香りづけして、レーズン、ピスタチオ、バラの花びらで飾る。ソビアはまたコーランに出てくる娘の名前で「よい行いに対するごほうび」を意味しており、このミルクシェイクのようなごちそうの前に行われる宗教的な断食と関連づけられている。(7)

エジプトはもちろんレバノンとシリアでも、セモリナ粉とすりおろしたココナッツを使ったケーキが、イフタールをはじめとするイスラムの祝宴で出される。ハリーサ、ナムーラ、バスブーサなど、さまざまな名前で呼ばれるこの料理は、香りづけされたシロップをかけた小さなケーキとして作られることが多い。伝統的なレシピではローズウォーターまたはオレンジブロッサムウォーターを用いることから、起源がアラブだとわかる。同じようなセモリナ粉とココナッツのケーキはトルコ、ギリシア、アルメニア、イスラエルの料理にもよくあ

アフリカのココナッツコーンシチューと、ことわざが記された女性用の万能生活綿布、カンガ。

る。作家のルース・オリヴァーはエルサレム・ポスト紙の記事で、ユダヤ教の祭日である「過越《すぎこし》の祭りをココナッツなしで祝うことはほぼ不可能だ」と述べ、ココナッツボール、ココナッツキャラメルフラン、ココナッツ入りの四角いホワイトチョコレートのレシピを取り上げている(8)。

◉東アフリカ

ココナッツは最初はアラブ諸国、のちにポルトガルの商人を通してアフリカの東海岸に伝わった。バスコ・ダ・ガマがモザンビークの海岸に降り立ったのは１４９８年、それから１９７５年の独立まで、ほぼ５００年ものあいだポルトガルが同国を支配していた。驚くまでもなく、モザンビークの料理はポルトガルの影響を色濃く受けている。ココナッツカニカレーのカランケージョ・エ・ココはココナッツミルクとスパイシーなペリペリソース（スワヒリ語の「ペッパー、ペッパー」）で作る。35か国に1000店を超える店舗を構える南アフリカのレストランチェーン、ナンドスは、モザンビーク生まれのフェルナンド・ドゥアルテと南アフリカ生まれのロバート・ブロージンが創業したポルトガル料理の専門店である。このレストランは「モザンビーク独特の風味を出す」ためにココナッツとレモンを使って独自にブレンドしたペリペリソースを提供している。[9]

ココナッツミルクを使うさまざまなココナッツライスは、東アフリカ各国でワリワナジ（スワヒリ語の「ココナッツライス」）として知られており、インド洋に面したタンザニアのザンジバル、ケニアのラム、マリンディ、モンバサといった港町でよく食べられる。肉料理やシーフード料理、またカレーの多くにココナッツミルクが使われ、沿岸地方では料理油といえばまずココナッツオイルである。[10] 海上交易ルートの途中に位置するザンジバルは、アラブ、ペルシア、アフリカ、インドのさまざまな味が集まる、いわば食の中心地だ。レストランの目玉は伝統的なココナッツベースのレッドカレーである。

一般に、食事の最後にデザートを出す習慣はアフリカにはない。甘いものといえば、新鮮なくだものやフルーツサラダといったシンプルなものが多い。デザートを出すとなると、オランダ、イギリス、ポルトガル料理から伝わったものになりがちである。例外は、コンロの上で焼くココナッツとピーナッツをベースにした甘いクッキー、カシャで、ケニアをはじめとする東アフリカ各国で親しまれている。

◉南アフリカ

南アフリカのスイーツがオランダの影響を受けていることは明白である。南アフリカの首相（1924〜1939）だったJ・B・M・ヘルツォークの名を冠したヘルツォギーは、ジャムとココナッツのミニタルトで、アプリコットジャムが使われることが多く、イスラムの休日に食べる。作家のガビーバ・バドルーンはこのスイーツの「暗号化された歴史」について説明している。ヘルツォークは女性に選挙権を、国内のイスラム教徒に平等な権利を与えるというふたつの公約を掲げた。ところが彼は、イスラム教徒であるマレー民族に対して公約を果たさなかった。そこでマレー民族の人々はヘルツォギーを焼いて半面をピンク、残りをチョコレートのアイシングで色づけし、それをトゥウェーヘフレーティ、すなわちふたつの顔を持つ「偽善者」と呼んで配ったという。[11]

オーストラリア生まれのラミントンケーキは、ヤマアラシのような小型のスポンジケーキで、チョコレートに浸してからココナッツのなかを転がして作るが、南アフリカではアフリ

南アフリカで人気のココナッツで覆われた揚げ菓子、ケープマレー民族のコエシスター。

セーシェル諸島のココ・デ・メール。

カーンス語で「ヤマアラシ」を意味するアイステルファーキーと呼ばれている。

ケニアでは、沿岸地域の経済発展を促進しようと、政府がココナッツの苗木栽培者を育成している。ココナッツ開発局が導入しているのは、成長が早く、収穫量が多く、病気に強い品種だ。何年も続いた内戦だけでなく、カブトムシと木を枯らしてしまう黄化病によってココナッツの生産が大きな被害を受けたモザンビークでも、同様の取り組みが進んでいる。

味はココナッツだが、かすかに柑橘系の香りがして「セクシー」なものとはなんだろう？東アフリカ沖のセーシェル諸島にしかないココ・デ・メール、和名オオミヤシあるいはフタゴヤシ（学名 *Lodoicea sechellarum*）は、海のココナッツ、双子のココナッツ、果ては見た目から陰部のココナッツとさえ呼ばれるが、実際にはココヤシ（学名 *Cocos nucifera*）ではまったくない。植物界で最大の種子であるココ・デ・メールは女性の臀部と性器に似た独特な形で知られる珍しい植物だ。ひと目で多産が連想され、性欲亢進がうたわれているため、イギリスのウィリアム王子と新婦のケイト・ミドルトンが２０１１年にハネムーンでセーシェル諸島を訪れたときにはココ・デ・メールがプレゼントされた。この「ラブナッツ」は保護されているため、ふたりがセーシェルから持ち出すときにもセーシェル政府の特別な許可が必要だった。

イギリス王室のふたりがココ・デ・メールを口にすることはなかっただろうが、タルト、パームハートのサラダ、ヤシ酒など、植民地生まれの人々クレオールの影響を受けた、たくさんのココナッツ料理のうちのいくつかは食べてみたかもしれない。温めても冷やしてもよいラドブはシチューの一種で、プランテン、バナナ、キャッサバ、ブレッドフルーツなどとココナッツで作り、甘くすることもあればしないこともある。ココナッツミルクで作るカレーには、セーシェル固有のオオコウモリ種を使った珍味「オオコウモリのカレー」もある。(12)

●西アフリカ

ココナッツはアフリカの大西洋側には自生していなかったが、1500年代にポルトガルの探検家、商人、宣教師によって持ち込まれた。現地語の多くでココナッツは「白人のナッツ」と呼ばれている。西アフリカ初のココナッツプランテーションは、1876年にローマカトリック宣教師の手でナイジェリアに設立された。近年は世界各地と同様、西アフリカのココヤシもケープセントポール立ち枯れ病を含むさまざまな病気で激減し、プランテーションが壊滅状態に追い込まれて、多くの加工業者が立ち行かなくなっている。2019年9月にはガーナのアクラで国際フェスティバルが開催されて世界中からココナッツ産業の関係者が集まり、ココナッツの展示はもとより、ココナッツの研究者、政府機関、産業界の主要企業を結びつける基盤が作られた。

西アフリカ、特に沿岸地域のココヤシがたくさん生えるところでは、ココナッツはしばしばシチューのような料理に用いられる。西アフリカの各所には、ココナッツを材料に使うかどうかも含めて、マフェあるいはマーフェと呼ばれる伝統料理の作り方が無数にある。マフェは西アフリカにヨーロッパの植民地が相次いで設立された1800年代にマリで生まれ、周辺地域、とりわけセネガルとガンビアで好まれるようになった。この栄養たっぷりの人気料理に欠かせない材料はピーナッツで、ココナッツとも相性がよい。アレンジされたレシピの多くは、砕いたピーナッツをペースト状にする代わりに市販のピーナッツバター、またあらかじめ加工された缶詰などのココナッツを使うよう勧めているが、西アフリカの料理人たちはそのような代用品には顔をしかめるだろう。

ナイジェリアでも、ブラジルやシエラレオネと同じく、フレジョンといえばココナッツ入り豆スープである。これはポルトガル語で「豆」を意味するフェイジョンという言葉に由来し、古くからカトリックのキリスト教徒がイースター前の聖週間に家庭で食べるものだ。この料理は特に、ブラジルで奴隷が廃止されてからナイジェリアに戻り、ラゴスのブラジル人街に定住したヨルバ族のあいだで好まれている。ひと晩かけてじっくりと煮込んだ豆にココナッツミルクをくわえて作る濃厚で甘いプディングは、乳製品が禁じられている聖金曜日にふさわしい魚のシチューやスパイシーなカタツムリ料理に合わせる。ナイジェリアのヨルバ族は宗教の行事でも、特定のオリシャ（神々）の祭壇に捧げる食べものや占いに広くココナッツを用いる。そうした儀式は奴隷によって南北アメリカにもたらされ、ココナッツは現代のカリブ海諸国の宗教であるサンテリア教の儀式でも使われるようになった。

アンゴラのごちそうコカーダアマレラ、別名「黄色いコカーダ」（コカーダはココナッツスイーツの意）は、卵の黄身をふんだんに使ったポルトガルの「修道院菓子」に起源がある。これは、聖体拝領のためのワインを濾過したり、教会の祭服用の洗濯糊を作ったりするために大量の卵の白身が使われたため、残った黄身を利用しようと修道院の尼が考え出したスイーツだ。ココナッツフレーバーのコカーダアマレラは、ポルトガルの旧植民地はもちろん、

マフェを作る西アフリカの女性。

モザンビークやカーボベルデにもよく見られる[13]。

セネガルでは、イスラム教徒がラマダン中の日没後の食事イフタールに、とろとろの粥のようなココナッツライスプディング、ソンビを食べて祝う。北アフリカでは、モロッコの人々がゴリバと呼ばれるココナッツクッキーをつまみながらチャイを楽しむ。

アフリカやアフリカ系移民の伝統的な祈禱治療師は、消化を助けるためにココヤシの根を煎じたものを勧める。ココヤシの根の抽出物には抗菌、抗真菌、抗ウイルス、抗酸化作用があり、歯の痛みや神経過敏によく効くことがわかっている[14]。ココナッツは古来の治療法や料理の伝統にとって重要なだけでなく、アフリカの一部地域では食料安全保障の状況改善に役立つ可能性も秘めている。

第7章◎ヨーロッパとアメリカ大陸

学校でもっと授業に注意を払っておけばよかったと悔やんでいる多くの人たちと同じように、コロンブスは悲しげに日記に綴った。「1000種類もの木があり、さまざまな実をつけ、よい香りがしているのに、何がなんだかわからないとは、わたしは世界一憐れな男だ。スペインに持ち帰れば染料や薬用スパイスとして大きな価値があるにちがいないのに(1)」

1492年11月17日、クリストファー・コロンブスは、インドと極東に通じる航路の発見を裏づけるはずだったほかのもっともらしい証拠にくわえて、「インドにしかない大きなナッツのようなもの」を見つけたと日誌に記している。マルコ・ポーロが見たという茶色で丸いくだものの説明を参考に、コロンブスは自分が目にしているものがココナッツだと誤って結論づけた。現代の専門家によれば、コロンブスが遭遇したものはカカオ、つまりチョコレートの豆、もしくは食用に適さない小さなノガル・デル・パイス（クルミ）だったようだ。彼の目に留まった木はダイオウヤシだった可能性が高い(2)。

◉アメリカ

西アフリカの沿岸地方から奴隷貿易船のバラスト［重量のバランスを取るための重し］として、また便利な飲料水として海を渡ったココナッツは、今も、新世界と異国情緒漂う「別世界」の美しい夢の象徴である。画家のエドワード・サヴェージが描いた『ペンシルベニアでインディアンとの協定に調印するウィリアム・ペン *William Penn Signing a Treaty with the Indians in Pennsylvania*』には、その環境で育つはずのないヤシの木が描かれており、魅惑の新世界の新たな時代が始まったことが鮮明に表れている。アメリカが植民地だった時代、ココナッツは西インド諸島を経由して東部や南部の沿岸にならぶ港町へと貿易船の貨物室に載せて運ばれた。

乾燥したものでも生でも、ココナッツは植民地アメリカのさまざまなレシピに登場した。植民地フィラデルフィアの料理史の本『侵略された食品貯蔵庫 *The Larder Invaded*』には、屋台商人が韻を踏んだ呼び声を用いながら、ココナッツケーキを含む西インド諸島の商品をしきりに売り込んでいたと記されている(3)。

サウスカロライナでは1770年に、チャールストンの裕福な家庭に生まれたハリオット・ピンクニー・ホリーが著書『植民地プランテーションの料理 *A Colonial Plantation Cook-*

book』でココナッツパフと呼ばれる菓子のレシピを紹介した。[4] これは、西インド諸島のアンティグアで育ち、ココナッツをよく知っていたにちがいない彼女の母イライザ・ピンクニーのレシピ集にあるものによく似ている。同じくチャールストンに居住していたサラ・ラトリッジ、別名ミス・サリーはおそらくハリオット・ピンクニー・ホリーの料理本を知っていたのだろう。1847年の著書『カロライナの主婦 *Carolina Housewife*』にココアナッツパフとして同様のレシピを載せている。

作家のデイヴ・デ・ウィットによれば、アメリカ合衆国の建国の父たちは「食通の育ての親」でもあったらしい。特に南部出身の幾人かは実際に「農場主」として農場を経営し、そこで自分たちが口にする食料のほとんどを育てていた。新しい食べものに興味津々だったジョージ・ワシントンは1772年7月22日に自分の屋敷の食料の備蓄を命じる手紙をしたためたとき、そこにジャマイカ産のココナッツも含めている。[5]

手紙や記録から、ジョージ・ワシントンは特にパイナップルを好んだことがわかっているが、ココナッツも味わい、楽しんでいたと考えてよいだろう。この初代アメリカ大統領が国を離れたのは、まだ若かった19歳のころに兄とバルバドスを訪れたときだけだった。ココヤシとその特徴について大きく取り上げているグリフィス・ヒューズの著書『バルバドスの自然史 *The Natural History of Barbados*』は、ワシントンが旅の前に読み、また旅に持っていっ

グリフィス・ヒューズの著書『バルバドスの自然史 *The Natural History of Barbados*』（1750年）にあるココヤシの絵。

た本のうちの1冊であることが知られている。ワシントンの好物のひとつがココナッツ入りのサツマイモマッシュポテトだと述べている資料はいくつもあるが、ワシントンの邸宅と墓地があるバージニア州マウントバーノンの司書メアリー・A・トンプソンによれば、根拠とされる文献にはいずれもそのような記述はない[6]。ライフスタイルのカリスマ的リーダーとして知られるマーサ・スチュワートは、レッドカレー味のサツマイモマッシュポテトにココナッツミルクを使って、植民地時代のサツマイモのレシピにおもしろいアレンジをくわえている[7]。

アメリカ各地でよく作られるスイーツに、ココナッツをチョコレートでくるんだ菓子がある。これは初代ファーストレディー、マーサ・ワシントンのココナッツキャンディー、ココナッツボンボ

エドワード・サヴェージ『ペンシルベニアでインディアンとの協定に調印するウィリアム・ペン William Penn Signing a Treaty with the Indians in Pennsylvania』。1800年ごろ、油彩、キャンバス。

ン、あるいはココナッツボールなどいろいろな名前で呼ばれているが、マーサがこのスイーツを作ったという記録はどこにもない。レシピにはたいていイーグル・ブランドの加糖練乳が使われている。練乳は牛乳を安全に保存するため、1850年代初めにゲイリー・ボーデンが発明したもので、アメリカの南北戦争中には軍用食としても活躍した。1892年にイーライ・シーツが創業した「マーサ・ワシントン・キャンディーズ」という名のスイーツ店チェーンは、1920年代の最盛期にはアメリカ全土に数百店舗を構えるまでになった。マーサ・ワシントン・キャンディーはこのスイーツ店の目玉商品だったが、仮にジョージ・ワシントンが本当に妻マーサが出すこの菓子をデザートあるいは間食として味わっていたのだとしても、ジョージが死去したのが１７９９年であることを考えれば、商品化はずいぶんあとだったことになる。実際、イーライ・シーツが「マーサ・ワシントン・キャンディーズ」というブランド名を商標登録したのは１９０６年7月になってからだった。

第3代アメリカ大統領トーマス・ジェファーソンは自分でレシピを集めていた。そのなかにはプディングの作り方もあり、ほかの材料にくわえて「いつもとちがう味にするには（中略）乾燥ココナッツを（中略）混ぜてもよい」と提案されている。[8] ヴァージニア・ランドルフ（大統領の長女マーサ・ジェファーソン・ランドルフの娘）によるジェファーソン一家に伝わる手書きのレシピを再現したマリー・キンボールの著書『トーマス・ジェファーソンの料理帳 *Thomas Jefferson's Cookbook*』には、ふた通りのココナッツプディングの作り方が掲載されている。[9]

ココナッツマカルーンはトーマス・ジェファーソンが好んだスイーツだと説明している本は多い。たとえば、ビヴァリー・ヤングの『大統領のクッキー *Presidential Cookies*』（２００５年）では、マカルーンはジェファーソンのお気に入りのレシピのひとつとして取り上げられている。じつはジェファーソンのライブラリー・コレクションには「マカロン」の手書きの

過越の祭りのココナッツマカルーン。

レシピがある。けれどもその材料にココナッツは含まれていない。ジェファーソンがとにかくなんでもフランス製を好んだことを考えると、アーモンドプードルを使うそのレシピは、まさにフランスのマカロンの作り方だろう。マカロンとマカルーン、アーモンドとココナッツがこんがらかってしまったのはなぜだろう？いずれのスイーツもルーツは似たり寄ったりだが、おそらく1800年代初めのある時点において、イタリアで、アーモンドプードルあるいはアーモンドペーストにくわえて、あるいはその代用としてココナッツが入れられた。イタリアのユダヤ系の人々は、発酵食品を禁じる過越の祭りでとりわけこの代用を好んだ。そのうえ、細かくきざんだココナッツを使うクッキーは傷みにくく、アーモンドのマカロンよりも輸送途中で壊れにくい。宗教関連の資料ではどこにも書かれていないが、そうしたクッキーが1800年代、ユダヤ教の祝日に市場で売るために作られた。そうしてココナッツマカルーンはユダヤ教の慣習に深く根づき、現在は過越の祭りにほぼ欠かせないものとなっている。

過越の祭りのような宗教儀式でも、ココナッツシェルのひしゃくを使って水を飲むという日々の行動でも、料理の伝統の共有はコミュニティー意識を高める重要な方法である。ルネサンスの時代に収集され、現在博物館の所蔵品として重んじられているような金銀で飾られたココナッツカップとは対照的に、シンプルなココナッツのひしゃくは植民地アメリカのいたるところに見られた。水道がまだ屋内に配管されていなかったころ、こうしたひしゃくは水の器として各家庭に必ずあった。昔の使い捨て商品だったココナッツシェルのひしゃくは、19世紀アメリカのデザートでよく使われたココナッツの果肉と、ロープやマットに用いるココナッツハスクの繊維コイアをとったあとの残りものだった。研究者のキャスリーン・ケネディは、飲用のココナッツ容器を他者と共用することで生まれる連帯感について、例をあげて説明している(10)。そうしたひしゃくは無数に作られ、使われた。木製の柄がついた同様のひしゃくは、現代でもタイやラオスの地方の村でよく用いられている。

1870年代、エドワード・スミスとE・チャップマン・モルトビーはコネティカット州ノース・ブランフォードで、西インド諸島産のココナッツから殻のひしゃく、ボタン、木製スプーンなどのココナッツ製品を作っていた。その会社では製造工程でココナッツの果肉を廃棄していたが、簡単にシェルから果肉をはずせる機械の開発に成功すると、彼らはココナッツが食品としても利益を上げる商品になりうると気づいた。ノース・ブランフォードは一時期「世界の細切りココナッツの首都」と呼ばれるまでになった。機械は1876年にアメリカ独立100周年を記念するフィラデルフィア万国博覧会に出品され、1位に選ばれた。

1892年、ニューヨーク市とミズーリ州セントルイスにあったダナム・マニュファクチャリング社は、乾燥ココナッツの「ダナムズ・ココアナッツ」を売り込もうと、付録にレシピをつけ、パッケージのラベルを集めて景品をもらうキャンペーンを実施していた。ダナムの販売促進活動のなかで当時人気があり、現在もコレクターのあいだで価値が高いものといえば、棚の形をした子ども向けの人形の家で、ダナムのココナッツ製品がならべられたミニチュアキッチンまでそろっている。一方、フィラデルフィアの製粉業者フランクリン・ベイカー社は、1890年代から今日まですりおろしココナッツを販売し続けているアメリカの主要ブランドだ。

西インド諸島からココナッツを運ぶ船は、ルイジアナ州ニューオーリンズ、サウスカロライナ州チャールストン、ジョージア州サバンナといったアメリカ南部の港に着いた。ココナッツを用いるアメリカのレシピで記録に残っている初期のものの多くは南部料理で、ココナッツは現在もその地域の料理の材料としてよく使われている。「神々の食べもの」を意味するアンブロシアは、まさにその名にふさわしいデザートあるいはサラダで、オレンジとココナッツの両方が容易に手に入るアメリカ南部で生まれたものである。そのふたつの材料は、早くも1870年代の料理本にアンブロシアのレシピとして掲載されている。ダナム・マニュファクチャリング社が1900年に出した『サラ・タイソン・ローラーほか有名シェフによるココアナッツのレシピ厳選60品 *Sixty Selected Cocoanut Receipts by Sarah Tyson Rorer and Other Famous Cooks*』には、アンブロシアと同じような材料を用い、同じくらい魅力的な名前を持つ「至福のハッシュ」や「トロピカルスノー」がある。アンブロシアにココナッツは必須だが、バリエーションはたくさんある。たとえば、バンブロシナナはトライフル［スポンジケーキ、くだもの、カスタード、ゼリーなどを器のなかで積み重ねたデザート］のようなレイヤーになったスイーツで、アンブロシアとはちがってバナナプディングを用い、バニラのウエハース、スライスしたバナナ、シロップ漬けの真っ赤なチェリーで飾る――もちろんココナッツはたくさん入っている。(11)

ココナッツパイとココナッツケーキはアメリカでもっとも愛されている2大ココナッツスイーツで、特に南部州の多くの家庭には、何世代も受け継がれてきた大切なレシピがある。アメリカのファーストレディーたちも例外ではない。たとえば、ローラ・ブッシュはテキサ

ココナッツデザートのバンブロシナナ。

ス・バターミルク・ココナッツパイのホイップクリームがけを、ミシェル・オバマは外皮のないココナッツパイを公表している。[12] また、リンドン・ジョンソン大統領の妻「レディー・バード」ジョンソンはココナッツ入りレースクッキーのレシピを伝えている。

ニューヨーク市のポエッツ・ハウス（詩人の家）に保管されている詩人エミリー・ディキンスン（1830～1886）のコレクションには、「ココアナッツ」つまりココナッツのケーキの自筆レシピがある。引きこもりがちなディキンスンがマサチューセッツ州アマーストにあった自宅を離れることはあまりなかったが、彼女はケーキを焼くのが好きで、窓からバスケットを下ろすという風変わりな方法で、街の子どもたちに焼いた菓子を配った。ディキンスンを研究しているヴィヴィアン・ポラクの計算によればディキンスンの詩の10パーセント以上に食べものや飲みもののイメージが含まれている。公開レシピの裏に書かれた詩は、もしかすると「ケーキが熱帯のココナッツとおそらく地元ニューイングランドの乳牛から得たクリームのブレンドであるように、エキゾチックな体験とありふれた体験がブレンドされた状態を表現しているのかもしれない。わが家と冒険の調和である」と同じく研究者のネリー・ランバートは述べている。[13]

1903〜1946年にパリに居住していたアメリカ人の芸術家アリス・B・トクラスと作家ガートルード・スタインは、ケーキが好きだったことでよく知られている。文学を通じて知り合った友人の作家ナタリー・バーネイは、寄り集まったときにアリスが出したのが「おそらくココナッツレイヤーケーキだと思われるふわふわの菓子で、そのようなものの作り方を知っている――そして食べる――のはアメリカ人だけだ」と記している。[14] アメリカ南部の名物ケーキで、かさのあるココナッツレイヤーケーキは、ベーキングパウダーとベーキングソーダが発明されて初めて作れるようになった。料理ライターのナンシー・マクダーモットは「なぜココナッツは南部の祝日でもてはやされるのか」と題した記事で、ココナッツレイヤーケーキの最初のレシピは、ミニー・フォックスとジョン・フォックス・ジュニアが1904年に出した『ブルーグラス・クックブック *The Blue Grass Cookbook*』にあると述べている。

ハーパー・リーの小説『アラバマ物語』［菊池重三郎訳。暮しの手帖社。1964年］には、

エドナ・ルイスのレシピをもとに作ったレーンケーキ。

バーボンとココナッツのフィリングをはさんで何層にも重ねた、背の高いレーンケーキが何度か登場する。「ミス・モーディー・アトキンソンが焼いたレーンケーキはシニー（酒）がたくさん入っていて酔ってしまった」というような台詞で、作者は食べものの伝統を通して南部の小さな街の状況を描写している。「シニー」は密造酒を表す南部のスラングだ。ふわふわの白いアイシングの上に細切りのココナッツがかかっていることもよくある。南部のクリスマス休暇によく食べるこのケーキは、生みの親であるアラバマ州クレイトンのエマ・ライランダー・レーンにちなんでそう呼ばれる。彼女が1898年に自費出版した料理本『おいしいもの *Some Good Things to Eat*』では「プライズケーキ」という名前だった。(15)

「ベイカーズ簡単切り抜きパーティーケーキ」の

フランクリン・ベイカーのウィッチ（魔女）ケーキ。

作り方が小冊子や広告に初めて掲載されたのは１９５６年で、それから30年以上も印刷され続けていた。基本のシートケーキ（薄いケーキ）に色づけしたココナッツを飾って、好みに合わせて魔女、うさぎ、テディベアなどさまざまな形を作るそのケーキは、特に子どもたちに人気があった。大人なら、シートケーキにいくつも穴をあけてココナッツクリームを注いでしみ込ませる「ポーク（穴あけ）」ケーキを使い、細切りココナッツをのせたものが好まれたかもしれない。

ココナッツとピーカンナッツが必ずトッピングされるアメリカで人気のケーキといえば、ジャーマン（ドイツ風）チョコレートケーキである。じつはこのケーキは「ドイツ」とはなんのかかわりもなく、アメリカ人のジョージ・クレイ夫人が１９５７年に考案したもので、１８５２年にサミュエル・ジャーマンがベイカーズ・チョコレート社向けに開発した、甘くない料理用のベーキングチョコレートが用いられているのである。ベイカーズの親会社であるゼネラルフーヅは好評だったその「今日のレシピ」を広く宣伝し、その甲斐あってベイカーズのジャーマンズ・スイート・チョコレートの売り上げは飛躍的に伸びた(16)。ドイツを意味するジャーマンと、人名のジャーマンが紛らわしかったために、「レディー・バード」ジョンソンは夫のジョンソン大統領の広大な牧場で開かれた公式晩餐会でドイツの首相ルートヴィヒ・エアハルトにそのケーキを出して恥ずかしい思いをしたという(17)。

◉工場生産されるココナッツ菓子

チョコレートとココナッツはとりわけ相性がよい。もとはピーター・ポール・キャンディー・マニュファクチャリング社が作っていたアーモンド・ジョイは1946年からアメリカで人気の菓子だ。これはココナッツのフィリングにアーモンドをトッピングしてミルクチョコレートで覆ったスイーツである。同じ会社のチョコレートバー、マウンズが発売されたのは1920年で、こちらはココナッツとダークチョコレートが使われているが、アーモンドは入っていない。いずれも今なお多くの人に愛されている。よく知られている宣伝文句

イギリスで人気のバウンティ、ココナッツチョコレートバー。

の「ナッツ入りを食べたいとき、食べたくないとき」［ナッツにはスラングで変な人という意味があるため、コマーシャルでは、「自分が変だと思うとき、思わないとき」という意味にもとれる愉快な映像が用いられている］は1970年に誕生した。

マウンズによく似たバウンティは、1951年にマース社がイギリスとカナダで販売を始めた菓子である。ココナッツのフィリングをミルクチョコレートで覆ったものが青い包装、ダークチョコレートは赤い包装だ。いずれも包装にトロピカルなビーチとヤシの木が描かれ、楽園の味と宣伝されている。マース社は1989年にバウンティでアメリカ市場への参入を試みたが、銘柄を隠して食べ比べる調査ではバウンティのほうが評価

オーライアンのアイリッシュ・ポテト。

が高かったにもかかわらず失敗に終わった。アメリカ人は子どものころからあるスイーツに愛着を感じるのだ。

イギリスでも、ココナッツアイスと呼ばれるピンクと白の層になったソフトキャンディーなど、昔ながらのココナッツ菓子が今も楽しまれている。ココナッツアイスはオーストラリアやニュージーランドでも人気だ。オーストラリアでは、ココナッツの硬化油から作られる植物性ショートニングの一種で「白い雲」として知られるコファが材料に使われている(18)。アメリカでは、四角いこのスイーツにチョコレートの層をくわえて3層にしたものがナポリタンココナッツとして知られている。同じものはメキシコでもバンデラデココとして売られている。こちらはメキシコの国旗に合わせて、緑、白、赤の着色剤が使われている。

昔ながらのイギリスの菓子、ココナッツアイス。

3月17日の聖パトリックの祝日ごろに期間限定で手に入るフィラデルフィア地域の人気菓子「アイリッシュ・ポテト」は、アイルランドのものでもなければポテトでもなく、ココナッツが入っている。1900年代の初め、200社を超える製造業者が集まり、事実上アメリカのスイーツの首都だったフィラデルフィアは、アイルランドからの移民がめざした主要な場所のひとつでもあった。ココナッツクリームをフィラデルフィアのクリームチーズと合わせてシナモンをまぶした姿は見た目が小さなジャガイモにそっくりだ。この菓子は、バレンタインデーとイースターのあいだのスイーツ販売の落ち込みを埋めるのに最適だった。

もっとエレガントなココナッツスイーツといえば、1990年にイタリアの製菓会社フェレロが発売したラファエロである。こちらは甘いクリームとアーモンドをはさんだ丸いウエハースがココナッツで覆われている――どう見ても家庭で簡単には作れない。

◉イギリス

イギリスで甘くない料理に香りやとろみをつけるためにココナッツが使われるようになったのは、大英帝国各地、なかでもスリランカとインドに人々が駐在して新しい料理に触れた植民地時代だった。イギリス人料理作家イライザ・アクトンの1845年の著書『モダン料理 *Modern Cookery*』には甘くない味を含む17種のココナッツレシピがあり、インドのカレーやココナッツスープにとろみをつけるためにココナッツが用いられている。ほかに、パン粉とココナッツで作る「印刷屋のプディング」、薄いスポンジケーキでグアバゼリーをはさみ、おろしたココナッツとギンバイカの枝で飾る「バミューダの魔女」など、風変わりな名前のココナッツスイーツもある。(19)

同じころ、エイミー・シャウアー(1871～1956)はオーストラリアのクイーンズランドで料理の本を書き、スポンジケーキをチョコレートに浸してからココナッツの上で転がす、あの有名なラミントンケーキをそこに含めた。国民に愛されているこのケーキには国家的な記念日さえある。その7月21日には、ケーキの売り上げを慈善事業に寄付する「ラミントン運動」が行われている。ラミントンの名称についてはさまざまな説があるが、いちばんもっともらしいのは、ブリスベン・セントラル・テクニカル・カレッジの後援者だったラミントン卿夫人に敬意を表してシャウアーが名をつけたという話だ。ケーキのことを「もじゃもじゃしたおかしなビスケット」と評したクイーンズランド州総督（1896～1901）のラミントン卿では断じてない。[20]

さて、ロンドンに話を戻すと、料理本作家イライザ・アクトンはビートン夫人の登場で、すっかり影が薄くなっていた。その時代の料理について、料理の本の世界ではビートン夫人のほうがはるかに名を知られている。1907年版の『ビートン夫人の家政読本 *Mrs Beeton's Book of Household Management: Guide to Cookery in All Branches*』には甘いものも甘くないものも合わせて20種類以上のココナッツ料理レシピがのっており、アクトンとほぼ同じように、ロブスターやチキンのカレー、またココナッツスープにとろみをつけるためにココナッツがくわえられている。ビートン夫人の本の1899年版には「インドの食事、インド料理の概説」と題して、思いがけずインドで家庭を切り盛りすることになったイギリス人主婦に役立ちそうな項目が含まれている。[21]

乾燥ココナッツを作る方法は1880年代に開発された。それでようやく、スリランカやインドからイギリスへ、ココナッツの果肉を腐らせることなく船で運ぶことができるようになった。1900年代の初めには工場生産の菓子が大きく売り上げを伸ばし、保存加工されたすりおろしココナッツとチョコレートはその主要な材料だった。

◉フランス

イギリス人がココナッツをスイーツやカレーに取り入れたのとは対照的に、フランスやドイツのレシピにココナッツが含まれていることはめったにない。そのふたつの国はイギリス、スペイン、ポルトガルのように早くから沿岸貿易大国を築こうとしていなかったためだ。ただし、新鮮な地元の食材を使うことを誇るフランス料理にもひとつだけ、ココナッツを必要とする伝統レシピがある。それは、使う材料が3つしかなく、アフリカの旧植民地フランス領コンゴにちなんで名づけられた、コンゴレと呼ばれるココナッツマカロンだ。アリス・B・トクラスは自身の料理本で「この遠方の有名なフルーツ［ココナッツ］も、ざくろやオレンジ、パイナップルと同じく、パリの人には無用の長物だ」と断言している。(22)

フリーダ・カーロ『涙を流すココナッツ Weeping Coconuts』。1951年、油彩、板。

◉メキシコ

スペインによる植民地支配の時代に持ち込まれたココヤシは、メキシコ沿岸部、中央アメリカ、南アメリカ各国のいたるところに生えている。ココナッツ菓子のコカーダはそうした地域全般で、とりわけ祭りや宗教的な祝日の多くに広く楽しまれている。メキシコの画家フリーダ・カーロにとっては、念入りな準備が必要なそうした祝祭のためにコカーダやココナッツアイスクリームなどの料理を作るときが至福の時間だったという。細切りココナッツを詰めたライムの砂糖漬けのレシピは、継娘のマリー＝ピエール・コールが書いた料理の回想録『フリーダのフィエスタ *Frida's Fiestas: Recipes and Reminiscences of Life with Frida Kahlo*』に入っている。料理はカーロに喜びをもたらしたが、彼女の人生は痛み、悲しみ、孤独感に満ちていた。よく知られている自画像の鮮やかなイメージとは別に、彼女はそうした感情を食べものの静物画に込めた。食べもののならべ方、質感、色合い、そしてそれらが象徴するものはみな彼女の絵にとって重要なテーマだった。カーロの絵『涙を流すココナッツ Weeping Coconuts』、別名『ココナッツの涙 Coconut Tears』には人間に見立てたココナッツが描かれている。

メキシコのユカタン半島では特に、人々は主たる収入あるいは副業として、ココナッツ――ただとはいわないまでも安価な材料――を用いた軽食を街頭で売って生計を立てている。ボリタデココ（ココナッツボール）、ココパレタ（ココナッツアイスキャンディー）、パイデココ（ココナッツパイ）、ココフリオ（冷たいココナッツウォーター）などがそれだ。

●コロンビア

南米で現在、どれほど幅広くココナッツが用いられ、どれほどさまざまな価値を持っているかは、コロンビアの港町カルタヘナの小さな一区画を見ればすぐわかる。街はずれからや

コロンビア、カルタヘナのレストラン、カンデのセビーチェ・エン・ココ。

コカーダの売店。コロンビア、カルタヘナ。

ってくる露天商は、ストローをさした新鮮な緑色のココナッツをほんの1〜2米ドルで売っている。スーパーマーケットでは値段が2倍だ。新しく開店したライフスタイルショップでは、その同じココナッツがぴかぴかに磨き上げられ、たんなる装飾品としてこぎれいなボウルに入れられて、実用的な機能がまるでないにもかかわらず、それぞれ9ドルで販売されている。街頭では地元の人々がココナッツシェルを椀形にカットして磨いたものをわずか1ドルで売っている。その同じ市街区では流行最先端の高級レストランが創造性豊かなシェフのココナッツ料理として、たとえば柑橘類でマリネにした生の魚とココナッツの料理であるセビーチェ・エン・ココをひと皿25ドルで提供している。ロブスターをココナッツミルクで仕上げて白黒のココナッツライスを合わせたランゴスタ・イスレーニャは輪をかけて高いが、その近くにある街頭ではチキンと新鮮な魚をココナッツミルクで調理したシンプルな伝統料理がたったの5ドルで買える。カルタヘナの旧市街にはポルタル・デ・ロスドゥルセス（スイーツ街）と呼ばれるアーケード商店街があって、伝統レシピに基づいて真の名人たちが作る一級品の自家製コカーダが毎日店頭にならぶ。おもな材料は、すりおろしたココナッツ、シナモン、砂糖、ココナッツウォーターとココナッツミルク、それからグアバやパイナップルを含むいろいろな香料だ。ポルタルにしかない人気のスイーツは人形の形をしたムニェカス・デ・レーチェ、「ミルク人形」である。(23)

◉アルゼンチン

アルゼンチンでは、ドゥルセ・デ・レーチェ（濃厚キャラメルソース）をはさんだサンドイッチクッキーに細切りココナッツをまぶしたアルファホールが国民的ビスケットとみなされており、どこのベーカリーにも必ずある。発祥の地スペインではこの菓子は伝統的なクリスマススイーツで、ココナッツはアメリカ大陸ならではの飾りつけである。

◉ブラジル

ブラジル人も近隣の国々に劣らない甘いもの好きで、コカーダが大人気だ。ポルトガル語で「小さなキス」を意味するベイジーニョ・ジ・ココはブランキーニョ（小さな白いやつ）とも呼ばれる。ココナッツを使うスイーツにはほかに、ブラジリアン・ココナッツケーキ（ボンボカド・ジ・ココ）、ココナッツプディング（マンジャール・ジ・ココ）、そして、食事が終わってからもテーブルを囲んでゆっくり過ごす慣習でソブリメーザと呼ばれるひとときにつまむ、ココナッツとパルメザンチーズの風変わりな組み合わせ（ケイジャジーニャ）がある。(24)

ブラジルではスイーツだけでなく甘くない料理にもココナッツが使われる。ムケッカは身のしまった白身魚、タマネギ、ニンニク、ピーマン、トマト、コリアンダー、ココナッツミルクのシチューで、いろいろな作り方がある。この定番料理の材料はブラジル各地でさまざまに異なる。たとえば、アフリカの食文化を受け継いでいる北東の沿岸部、バイーア地域のものにはココナッツがふんだんに使われている。エビの煮込み料理であるヴァタパには、ココナッツミルクとパーム油が欠かせない。それらをパンかキャッサバ粉と一緒にペースト状になるまで煮詰めて使うが、ピーナッツ粉やカシューナッツ粉、タマネギ、トマト、ショウガ、オクラ、唐辛子を入れることもある。

●トリニダード・トバゴ

料理研究家のあいだで、世界に散らばったアフリカ食文化の影響の大きさが認められるようになってきたのはごく最近である。青菜のカラルー［野菜をどろどろになるまで煮込んだ料理］はトリニダード島民の国民食、カニはなくてはならない食材の代表で、いわゆる「奴隷料理」がルーツだ。煮て食べるカラルーは、アフリカではパーム油で調理するのが一般的だが、カリブ海地域では手に入らなかったため、1530年代の奴隷たちはココナッツオイルを使うようになった[25]。

◉ジャマイカ

ジャマイカ料理の材料にココナッツは欠かせない。地元で好まれているスイートポテトプディングは、香辛料、サツマイモ、ココナッツミルク、乾燥フルーツで作り、「ジャマイカのものが少しずつ全部ひと皿に盛られている」と描写される。もっと表現豊かに語るなら「上に地獄、下に地獄、あいだはハレルヤ」だ。これは、石炭コンロの上になべを置き、そのなかにプディング容器を入れて、亜鉛板でふたをして、さらにその上に石炭をのせるという、このプディングの伝統的な作り方をたとえたものである。プディングが焼き上がるまでに長ければ5時間もかかるため、そのあいだずっと火の番をしていなければならない[26]。

ポルトガルから伝わったココナッツの焼き菓子で、ギザーダと呼ばれることもあるグリザーダは、すりおろしココナッツを使った小さな丸いタルトで、ジャマイカの定番だ。小麦粉とイーストにココナッツミルクをくわえて作るジャマイカのココナッツパンは、外側はかたいが、内側はバターたっぷりの柔らかい層になっており、いろいろなものをはさんで食べる。毎日の食事に出てくるシンプルな米と豆も、ジャマイカではココナッツミルクで煮炊きする。

ベリーズとコスタリカにもよくあるバミーは、おろしたキャッサバを円盤状にまとめて、ココナッツミルクに浸してから揚げる。このでんぷん料理は、コロンブスより前の時代から、先住民のアラワク族の食事の一部だったと考えられている。ランダウン（あるいはランダン）はココナッツミルクでじっくり煮込んだ魚のシチューで、魚が完全にばらばらになってしまうほど長時間煮込むようすからその名がついた。よく使われるのは、貧しい人の魚といわれるサバだ。[27] 最近になって観光客のために考え出された人気カクテルで、ジャマイカならではの材料とつながりがあるのは、ダーティー・バナナである。このカクテルにはラムクリーム（リキュール）、ティア・マリア（リキュール）、ココナッツクリーム、生バナナ、アイスクリーム、コーヒーリキュールとチョコレートシロップのいずれかあるいは両方が用いられている。

●キューバ

キューバのハバナでは現在も街角のあちらこちらで、露天商が新鮮なココナッツのドリンクを売っている。サオコは奴隷時代に起源を持つ飲料で、アグアルディエンテ（サトウキビから作られる蒸留酒）、ココナッツウォーター、ライム、砂糖またはハチミツといった安価なものを組み合わせるが、強壮剤として用いられてきたと考えられている。現在はラム酒を使う。ココナッツはブラウンシュガーとならんで、パンプディング、ライスプディング、カスタードといった一般的なデザートの材料としてもよく使われる。(28)

●プエルトリコ

ココナッツはプエルトリコ料理でも定番の素材で、特にクリスマスの祝日に用いられる。季節のごちそうに欠かせないのはアロス・コン・ドゥルセで、ココナッツミルクで炊いた米に砂糖、シナモン、ナツメグ、クローブで香りをつけ、シナモンスティックやレーズンで飾る。もうひとつ、なめらかでクリーミーなココナッツプディングのテンブレケもよく出てくる。コキートはエッグノッグ（カスタード風ホットドリンク）によく似た乳白色のココナッツドリンクで、ココナッツクリーム、ココナッツミルク、加糖練乳、ラム酒、バニラで作り、クリスマス向けにシナモンスティックを添えて出す。(29)毎日飲まれるココリコはプエルトリコのコーラ飲料で、セブンアップやイギリスのレモネードのような軽いフレーバーの、どこにでもある炭酸ココナッツ飲料である。

◉バルバドス

コンキーズはバルバドスの伝統的なデザートあるいは軽食で、11月にあるこの島国の独立記念日によく食べる。材料はカボチャ、コーンミール、サツマイモ、ココナッツで、地元のスパイスやレーズンで香りづけし、バナナの葉に包んで蒸す。セントルシアやトリニダード・トバゴの島々では同じようなスイーツがパイメとして知られている。また現在は、セントルシアで10月の最終日曜日に行われるクレオールの日のお祝いにも欠かせない。

◉パナマ

パナマとコロンビアの先住民族であるグナ族は、パナマのサンブラス諸島にある自治権を持つ特別保留地と本土にある数少ない小さな村で暮らしている。どの島にも豊富にあるココナッツの収穫と売買、そして最近では乏しい観光業からの収入が、彼らの生活の糧だ。グナ族は誇らしげに、伝統料理である赤魚のココナッツライス添えや、少量のラム酒を注いだ新鮮なココナッツのココロコを振る舞う。その質素な文化ではココナッツは重要な通貨であり、島からココナッツを持ち去ることは違法である(30)。

第8章◎ココナッツの未来

1950年代、フランクリン・ベイカーやダナムのようなココナッツ商品の販売会社は、広く家庭の主婦に商品を売り込んだ。ココナッツはエキゾチックな特徴を持ち、ケーキやパイ、フルーツサラダのアンブロシアはもちろん、さまざまな料理に簡単に応用できると彼らは宣伝した。1950年代の切り抜きココナッツケーキはすでに人気を失って消え去ったのだとしても、タイやインドの料理に関心が集まるといった、さまざまなココナッツ商品の新しい利用方法がその穴を埋めて、新たな料理の可能性を切り開いている。そうしたチャンスが今後もまだ増加していくと思われる確かな理由がある。

リサーチ・アンド・マーケッツ社の2020年2月のレポートによると、ココナッツの世界市場は2019～2026年の期間に年平均成長率13・5パーセントで伸びると予想されている。[1] けれども、老いるココヤシと、生産者が新たに植樹したくなるような経済的誘因の欠如が妨げとなって、ココナッツ商品が期待通りの利益をもたらさない可能性もある。

植物性の代替肉産業ではビーガンやベジタリアン向けの食材の需要が増え続けており、商品の価値と収益性が上がれば、将来的にココナッツオイルは巨大市場になることが見込まれる。もうひとつの潜在市場は、ココナッツウォーターのソフトドリンクへの代用だ。こうした見込みを実現するためには、ココナッツの供給を安定させ、つねに一定の品質を確保する必要がある。

人間の活動もココヤシの質と量を落とす一因である。老いた木がそのまま放置され、開発のためにプランテーション全体が伐採されている。多くの例では、この問題を克服するために農家への経済的誘因が必要である。政府機関は強い指導力を発揮して、生産性を高める新しいテクノロジーの導入を促進しなければならない。そこには、殺虫剤の適正利用、木々のあいだに別の作物を植える間作、土壌改良、そして収穫に関連する、経済的また技術的な援助が含まれる。ココナッツ栽培地域の政府開発局はすでに、機械を利用する収穫方法の開発や農家に対する安全な木登り方法の指導も実施している。研究機関は収穫量が多い品種や収穫しやすい品種への改良を検討することができるだろう。

ハリケーンのような自然災害が一部のココナッツ栽培地域に大打撃を与えている。枯死させてしまう黄化病やココナッツダニといった害虫も大きな被害をもたらしている。自然災害に対する耐久力が高い、あるいは特定の耐病性を持つ品種の保護や開発は、ココナッツの生

パンダン（ニオイタコノキ）の香りが特徴的なココナッツフレーバーのエムアンドエムズ。タイ。

産高を上げて農家の利益を増やすために必要不可欠だ。ココナッツの遺伝子を保護するため、研究者らは生殖質バンクや花粉の冷凍保存を進めている。[2] ラテンアメリカならびにカリブ海地域の国際ココナッツ遺伝子バンクは、病気、なかでも致命的な黄化病に抵抗する遺伝子を発見する保護活動に取り組んでいる。

研究者のあいだでは、特定の利用法に対して有効な特性を持つココナッツ品種の開発と育成が積極的に行われている。たとえば、タイの香りのよいココナッツにあるパンダン（ニオイタコノキ）のような甘い匂いの遺伝子が突き止められており、それを利用すれば、心地よい香りと味がする新しいココナッツの品種を作ることができる。[3] フィリピン政府はフィリピンにしかないマカプノの栽培と普及を積極的に後押しし

オマーン政府の主導により、バナナとココヤシが交互に植えられた園芸の実践例。

ている。

ココヤシはオマーンのサラ ラ市のシンボルだ。オマーンは、飲料や食用から肥料まで、ココナッツの果肉に付加価値をつけた利用方法の開発に大きな関心を示している。オマーンの農漁業省は現在、ココヤシとその産物の製造におけるモデル農家事業を通して、近代的な灌漑システムと先進的な園芸手法を用いたココナッツプランテーションの新設を促進するために、かなりのリソース［人、もの、金、情報、時間といった資源］を割いている。

ガーナの輸出促進局は２０１８年、ココナッツは「経済の活性化と雇用の創出を押し上げる大きな潜在的可能性を持つ換金作物である」として、ココナッツ輸出の再活性化プロジェクトを立ち上げた(4)。このプロジェクトでは、新規就農を促すと同時に既存の小規模農家を支援するために、新種のココナッツの苗木と技術的なリソースを提供している。ココナッツのサプライチェーン〔生産から消費者の手元に届くまでの流れ〕の強化は農家の収入を増やす助けになるはずだ。

すべての農家、なかでもココナッツ農家にとって気がかりなのは、商品価格の大きな変動である。対策としては、政府による価格の安定化とならんで、ココヤシの木々のあいだにほかの作物を栽培する間作を農家に奨励する取り組みが役に立つ。そうすれば、ココナッツの価格が下がった年、あるいは新しいココヤシがまだ実をつけない成長期間に農家を支えることができる。

殺虫剤の使用はココナッツの収穫量を増やし、害虫から木を保護する。けれども農家は、殺虫剤を使わないココナッツのほうが高値がつくかもしれないということは考慮すべきだろう。オーガニックココナッツオイル市場は大きく伸びているが、オーガニックとみなされるのは化学物質を使われていないココナッツだけだからだ。一方で、ココナッツダニを駆除する殺虫剤アバメクチンを使用したココナッツと使用しなかったものとを比較した経済分析によれば、出荷先の市場がどこであっても、生産量の増加は殺虫剤投与のコストを相殺し、殺虫剤の使用によって利益は69パーセント上がったという(5)。

ココナッツの加工で生じる廃棄物の利用方法が見つかれば、全体の収益性を押し上げられる。また、発展途上国で付加価値商品を考案して生産できれば、ココナッツ経済を活性化できる。たとえば、昔はフィリピンの家庭で作られていたシンプルな食べもので、ココナッツウォーターを発酵させて作るナタデココは、大人気のダイエット食品として日本に新たな市場を獲得した。

テロワールと職人技を組み合わせた特産品を作ろうと、フランス、シャンパーニュのワイン醸造研究所は、フィリピンと共同で、職人が伝統的手法で作るココナッツワイン（カハール）、ロイヤル・チーフ・ココナッツワインを開発した。このワインは若いココナッツウォーターで作られるため、味がテロワールの影響を大きく受ける。テロワールとは、土壌や気候を含む生産環境がワインにもたらす特徴的な味や香りのことだ。

「体によくない」脂肪かどうかという混乱状態の問題を解決し、正しい栄養成分情報の普及が進めば、健康志向の消費者のココナッツオイルに対する懸念は払拭されるだろう。新しいココナッツ商品、特にココナッツオイルを使う商品のマーケティングにとってもそれが重要だ。ココナッツオイルの健康リスクと利点を細かく説明するなら、ココナッツの脂肪は飽和脂肪ではあるけれども「体によい」として知られているラウリン酸という種類の飽和脂肪である。(6)

ソフトドリンクに含まれている異性化糖［ブドウ糖と果糖を主成分とする糖］より体によい

インドネシア、バリ島のココナッツオイルを入れたブレットコーヒー。ココナッツで作られたフィリピンのウクレレ「ココレレ」と一緒に。

代替品として売り込むことができるココナッツウォーターの潜在市場は大きい。生産者がココナッツウォーターを砂糖水で薄めているかもしれないという不安はあるが、最近開発された粗悪品を検知する方法を用いればそうした行為は減り、商品の純度に対する消費者の信頼は回復するはずだ(7)。風味を損なわずにココナッツウォーターを低温殺菌する方法も改善されてきた。フランクリン・ベイカー社はフィリピンから冷凍の濃縮ウォーターを輸送してアメリカの加工所で還元し、ココナッツウォーターを手の届きやすい価格にすることに成功している。グレープジュースなどのフルーツジュースとココナッツウォーターのブレンドからは、双方の新たな利用価値が生まれている。

ココナッツウォーターのために完熟前のココナッツをまるごと売ることには難題がつきまとう。おいしく味わうためにはココナッツが新鮮でなくてはならず、ココナッツウォーターの風味は熟度と産地によって異なるためだ。ハモナというベトナムの会社は、販売するココナッツひとつひとつの収穫日と場所を記録して、買う人が欲しいものを選べるようにしている。つまり、各ココナッツに異なるコードがひもづけされており、消費者はハモナのウェブサイトに入って、ココナッツが収穫された木、木がある農場、農場主、その農家のストーリーを知ることができる仕組みだ。購入者は買ったココナッツドリンクの味の評価もできる。ウェブサイトには甘いものから甘くないものまで数百ものレシピがあり、ココナッツを割って食べる方法も書いてある(8)。ほかにも、購入者がすぐ飲めるよう、あらかじめプルタブ方式のストロー口をつけて若いココナッツを販売している画期的な販売会社もある。

発酵ココナッツ商品は健康食品分野のニッチ［潜在的にはニーズがあるがまだ開拓されていない分野］になりうる。発酵ドリンクのコンブチャ（紅茶キノコ）はココナッツウォーター、ケフィール（ヨーグルトキノコ）はココナッツミルクから作ることができる。発酵ココナッツウォーターを用いるナタデココはゼリーのような食感だ。ココナッツウォーターを原料にしたココナッツ醤油もある。こうした商品は発酵食品のニッチ市場を埋めるだけでなく、大

ロンドンのスーパーマーケット、ウェイトローズで売っていたプルタブのついたココナッツ。

豆アレルギーを持つ人に大豆不使用製品を提供できる。

ココナッツのプロテインパウダーには乳化剤としての用途があり、タンパク質含有率が33パーセントのそのパウダーを加工食品にくわえて栄養を強化できる。[9] グルテンを含まず繊維質が多いココナッツ粉にも潜在需要があり、エナジーバーに配合できる。しかしながら、配合するときの分量調節が難しいため、家庭での利用はかぎられている。たとえば、全部をココナッツ粉で代用してしまうと、目が詰まってかたくなってしまうのだ。そこでたいていは、レシピにある小麦粉の一部だけをココナッツ粉にする。そうすればきめの細かさという点ではよいものが作れるが、少しでも小麦粉を入れてしまうとグルテンフリーとは呼べなくなる。

ココナッツの香りは、このココナッツ・ゴーダチーズのように、思いがけない食品に使われている。

同様にココナッツシュガーも、パンや菓子を焼くときにサトウキビから作った砂糖と同じようには使えない。ビスケットやデザートのパイを作るときはまずバターと砂糖をクリーム状に混ぜるが、ココナッツシュガーは似たようなクリーム状にならないのだ。したがって、健康志向の消費者がグリセミック指数（GI）［食後血糖値の上昇度を示す数値］の値が低いココナッツシュガーを選ぶことはできても、一般家庭料理のレシピにココナッツシュガーを取り入れることは難しいかもしれない。

肉の入っていない植物由来のバーガーにはココナッツオイルが含まれていることが多く、理論上は健康食品のカテゴリーに入る。けれども、そうしたバーガーには調味料や保存料として化学物質がくわえられているため、健康食品の愛好者には歓迎されないかもしれない。くわえて、カンザス州立大学の研究によれば、ココナッツオイルを用いた肉なしバーガーの「エコロジカル・フットプリント」［環境への負荷を表す指標］はビーフバーガーよりも悪い。ココナッツオイルは遠方から輸入しなければならないことがほとんどで、輸送が環境におよぼす影響が肉なしバーガーの利点を相殺してしまうのである。[10]

ココナッツの未来は人間の存在と深く関わり合っている。過去のあやまちを繰り返すことなく、搾取が起きないような方法でココナッツを開発するにはどうすればよいだろう？　環境と人々の犠牲という両方の観点から、ココナッツの栽培と加工を持続可能にできるのだろうか？　ココナッツオイルを生産しようとする小規模農家を保護できるのか？　フィリピンに古くから伝わることわざを心に留めておくとよいだろう。「貧しい人々を苦しめれば、ココナッツからはオイルではなく水しか出てこない」[11]

もしかすると、太平洋の島々のことわざのほうが励みになるかもしれない。「ココナッツを植えるということは、食べものや飲みものの器や衣類、自分の住処、そして子どもたちへの遺産を植えるということだ」[12]

謝辞

わたしたちのココナッツ探究の旅に知識と熱意をたっぷりと分け与えてくださった世界各地の多くの友人たちに謝意を表す。

料理学校の先生方であるシェフたち、なかでもインドネシアのバリ島ではパオンのプスパとカーサ・ルナのジャネット・デ・ネーフェ、スリランカのコロンボではドゥネーシャ・バゴダに、ココナッツ料理を作るという貴重な実体験をさせていただいた。友人のシャドウ・ポール、マーガレット・ロンゼッタ、マリー・コレセスはココナッツ商品の生の情報と写真を提供してくださった。ジョアン・ベニングからは役立つアドバイスをいただき、本書の写真の見栄えがはるかによくなった。ロアン・グエン・カチュバやそのご家族と一緒にココナッツスイーツを準備する過程も含めて、ベトナムの結婚式に参加できたことはいたって光栄である。ココナッツの歴史についてはキャスリーン・E・ケネディの研究を参考にさせていただいた。

年に一度のココナッツフェスティバルの開催時期に故郷であるフィリピンのサンパブロにわたしたちを招き、ココナッツに関わるたくさんの場所を案内してくださったユリシス・グエセにはことさら感謝する。トロント・ココナッツフェスティバルの主催者ジュリアン・バリクアトロは、わたしたちとフィリピンのバギオ大学のアマド・オーデン教授との橋渡し役である。バギオにあるベイリーフ・レストランのシェフ、クリス・アガスはわたしたちだけのために、すべてにココナッツが入った心に残る料理を作ってくださった。フランクリン・ベイカー社のアメリカオフィスで商品マーケティングディレクターを務めるピーター・ケイマンの紹介により、サンパブロにあるフランクリン・ベイカー・フィリピンの工場ではセル・ヤップに温かく迎えていただいた。

フィリピンからスリランカまで、エアビーアンドビーのホストたちは、それぞれの国のココナッツについて貴重な時間を割いて知識を与えてくださった。インドのケララ州フォート・コチにあるアロマ・ホームステイのエリザベスとジョゼフのすばらしいココナッツ料理、スリランカのキャンディにあるツリーブリーズ・インのヴァギラが見せてくれた彼女の結婚式の写真、インドのケララ州にあるアレッピー・バックウォーター・ホームステイの家族全員が参加した忘れもしないサディヤのごちそうに感謝したい。スリランカのベントータにあるヴィラ・サナスマのホスト、スニル・アサラーラチにはおいしいココナッツの朝食や軽食をごちそうになった。

コネティカット州シェルトンにあるコネティカット・ココナッツ社のオーナー、ホセとメリッサからは、ココナッツシュガーとココナッツ粉についていろいろと教えていただいた。オハイオ州シンシナティのエデュケーション・マターズとコミュニティー・マターズのスタッフや参加者には、ココナッツを使った西アフリカのレシピの実演でお世話になった。ローレンツ・ランゲージ・コンサルタントのキャスリン・ローレンツ博士と、シンシナティにあるフレンズ・アンド・ブックスクラブには本書の校正を手伝っていただいた。シンシナティ・ハミルトン公共図書館のセントバーナード館とペンシルベニア州立大学ブランディワイン校図書館のすばらしいスタッフには資料や参考文献でお世話になった。最後になるが、わたしたちの家族、なかでも勇気を出してわたしたちのココナッツ料理を味見してくれた夫たち、トムとジョンに謝意を伝えたい。

訳者あとがき

「名も知らぬ遠き島より 流れ寄る椰子の実一つ」

これは島崎藤村の詩「椰子の実」の冒頭部分である。藤村は、友人の体験をもとに、遠い場所から浜辺に流れ着いたヤシの実の長い旅路を思い、ふるさとを慕う心情をうたった。詩が書かれたのは明治時代で、ちょうど19世紀から20世紀に変わるころである。ご存知のように、この詩には昭和に入ってからメロディーがつけられ、だれもが知る歌になった。はるか南国から、海流に乗って流れてきたヤシの実が愛知県の伊良湖岬にまで届いたというのだから驚きである。日本も欧米同様ココヤシが自生しない温暖な気候にあるが、リゾートのイメージを思い浮かべてうっとりする本書の著者とは異なり、流れ着いたココナッツが切ない気持ちを誘うところは、時代はちがってもやはりお国柄といえるだろうか。

現代の日本でもココナッツはいたるところにあふれている。1990年代にブームを巻き起こしたナタデココはスーパーマーケットの棚に普通にならんでおり、タイカレーやココナッツミルクはもはや定番だ。製菓会社も夏季限定ココナッツ味の菓子を販売している。ホームセンターや園芸店の観葉植物コーナーには芽が出たばかりのかわいらしいココヤシの鉢植えが置いてあり、アジアン雑貨店ではココナッツシェルのお椀が山積みになっている。コンビニエンスストアのスイーツにもココナッツを使ったものが多くあり、本書を読んだあとに見ると、ヒントになったものはあれかとなんとなく想像できたりする。

それでも、インドではココナッツが「神聖な」食べものであることや、スリランカでは結婚式や日本のお食い初めのような儀式に欠かせないものであることなど、ココナッツの文化や歴史の側面についてはあまり知られていない。ココナッツといえば東南アジアや南アジア、あるいはポリネシア地方が連想されるけれども、ココナッツの起源にまつわる昔話や栽培地域の人々の暮らしにおける重要度までは、棚にならんだ商品からはわからない。ココナッツは政治や経済とも深く結びついている。貧困対策なども含めて、本書からはココナッツの価値と利用方法について多くを学ぶことができる。

著者コンスタンス・L・カーカーとメアリー・ニューマンは、さまざまな文献をひもとき、また実際にベトナムやスリランカやフィリピンといったココナッツ生産地を訪れて食や文化に触れ、この南国を思わせるおいしい食べもの、ココナッツについて深く掘り下げている。歴史を知ることでさらにココナッツの魅力が高まることはまちがいない。巻末にはいくつか歴史的なレシピが掲載されているが、すべてのレシピがないのが悔やまれるほど、本文中で語られるさまざまなココナッツ料理やスイーツはじつにおいしそうで、読者のみなさまもぜひ食べてみたいと思われたのではないだろうか。ふたりは、この「食」の図書館シリーズの『食用花の歴史』や花と木の図書館シリーズの『桜の文化誌』も執筆しているライターである。

なお、巻末レシピの分量は、アメリカの計量カップ（２４０ｍｌ）や重さの単位を著者がグラム換算で併記した部分を取り上げたもので、中途半端な数字になっているが、あえてきりがよい数字に直さずに原文のまま記載した。ご了承いただきたい。

最後になったが、本書を訳すにあたって原書房編集部の善元温子氏とオフィス・スズキの鈴木由紀子氏ほかのみなさまにお世話になった。記して謝意を表したい。

２０２２年７月

大槻敦子

写真ならびに図版への謝辞

著者ならびに刊行者は下記の図版資料の情報あるいは複製の許可、もしくはその両方に対して謝意を表する。

Franklin Baker, Coconut Champion: p. 52; Boston Public Library: p. 128; Getty Images: pp. 8 (Saul Loeb), 45 (DeAgostini); Constance L. Kirker: pp. 6, 11, 23, 26, 27, 29, 30, 32, 34, 39, 53, 57, 62, 65, 67, 68, 70, 73, 74, 84, 86, 88, 89, 91, 92, 93, 95, 106, 109, 112, 119, 123, 131, 135, 137, 138, 140, 141, 142, 148, 158, 159, 162, 164; Köhlers Medizinal-Pflanzen: p. 19; Los Angeles Museum of Art: p. 146 (© Banco de México Diego Rivera Frida Kahlo Museums Trust, Mexico, df / dacs 2021); Metropolitan Museum of Art, New York: p. 47 (Gift of J. Pierpont Morgan, 1917); Musée d'Orsay, Paris: p. 101; Museum of the Americas, Madrid: p. 49; Mary Newman: pp. 60, 107, 116; Marianne North Collection, Kew Gardens: p. 96; Pennsylvania Academy of Fine Art, Philadelphia: p. 129; Shadow Paul: pp. 103, 104; Smithsonian Institution: p. 113 (Freer Collection); Unsplash: p. 6 (Farhan Azam); Courtesy of Damayanthi Werapitiya: p. 93; Wikimedia Commons: Niklas Jonsson, the copyright holder of the image on p. 20, has published it online under conditions imposed by a Creative Commons Attribution-Share Alike 3.0 Unported License; Winterthur Museum Collection: p. 80.

参考文献

Besa, Amy, and Romy Dorotan, *Memories of Philippine Kitchens: Stories and Recipes from Far and Near* (New York, 2006)

Bullis, Douglas, and Wendy Hutton, *Sri Lankan Cooking* (Hong Kong, 2009)

Cohen, Dan, *The Macaroon Bible* (New York, 2003)

Deeter, Annie, *The Coconut Bible: The Complete Coconut Reference Guide* (London, 2015)

De Havilland, Alaina, *Pacific Palate: Cuisines of the Sun* (New York, 1998)

De Neef, Janet, *Fragrant Rice: My Continuing Love Affair with Bali* (Hong Kong, 2003)

Fife, Bruce, *Cooking with Coconut Flour* (Colorado Springs, CO, 2005)

Ganeshram, Ramin, *Cooking with Coconut* (North Adams, MA, 2016)

Hafner, Dorinda, *A Taste of Africa* (Berkeley, CA, 1993)

Houston, Lynn, *Food Culture in the Caribbean* (Westport, CT, 2005)

Kannampilly, Vijayan, *The Essential Kerala Cookbook* (Haryana, 2003)

Kruger, Vivienne, *Balinese Food: The Traditional Cuisine and Food Culture of Bali* (North Clarendon, VT, 2014)

Maimal, Maya, *Savoring the Spice Coast of India: Fresh Flavors of Kerala* (New York, 2000)

Marcus, Jacqueline, *Healing Power of Coconut* (Morton Grove, IL, 2017)

Mims, Ben, *Coconuts* (New York, 2017)

Mowe, Rosalind, ed., *Culinaria Southeast Asia* (Berlin, 2008)

Nayer, N. M., *The Coconut: Phylogeny, Origins, and Spread* (Cambridge, MA, 2017)

Newport, Maria Regina Tolentino, *Coconut Kitchen: Appetizers and Main Dishes* (Mandaluyong, 2017)

Sivanathan, Prakash K., and Niranjala M. Ellawala, *Sri Lanka: The Cookbook* (London, 2017)

Wilson, Laura Agar, *Coconut Oil* (Brighton, 2017)

レシピ集

ココナッツ・ディナー・メニュー

下記を参考に、ぜひともご自身で心に残るココナッツをテーマにしたメニューを作ってみてはいかがだろう。祭日やお祝いなど特別な日のメニューなら、新たな門出を記念してココナッツを割るのもおすすめだ。9月2日の「世界ココナッツデー」を祝ってもよい。

カクテルとドリンク

ピニャ・コラーダ（プエルトリコ）
ティキ各種（ハワイ、紙製の傘を忘れずに）
ココナッツワイン（たとえばフィリピンのランバノグやカハールなど）
リモナーダ（ココナッツウォーターで作るレモネード、コロンビア）
ココナッツウォーター
健康志向のドリンク：ショウガ、ターメリック、ココナッツオイル

前菜

小エビのココナッツフライ
セラビ、カノムクロック（ココナッツと米粉を使った屋台料理で、それぞれインドネシアとタイのもの）
香辛料をきかせたタマネギのフリッター、ココナッツチャツネ添え（インド）
ウボド（ココナッツのハート・オブ・パーム）のルンピアン（春巻き）（フィリピン）
ラティク（ココナッツの凝乳）を詰めたパンプキンフラワー（フィリピン）

メインディッシュ

アドボ（フィリピン）
ビーフレンダン（インドネシア）
ココナッツミルク入りカレー（インド）
マフィ（アフリカの鶏肉のココナッツミルク煮込み）
ムケッカ（白身魚のココナッツミルク煮、ブラジル）

サイドディッシュ

ココナッツライス（カリブ海地方からインドネシアのテンガイサダムまで、いろいろなバリエーションがある）
ココナッツでゆでたコラード（別名カラードグリーン、キャベツの仲間でケールのような野菜、西アフリカ、カリブ海地方）
ケールのマルム（ココナッツミルクで煮た青菜、スリランカ）
ココナッツチキンスープ（タイ）
ココナッツミルク入り赤レンズ豆のスープ（インド、タイ）
カラルー（カリブ海地方）
ココナッツチャツネ（インド）
サンボル（インドネシア、マレーシア）
ギナタン・グイライ（野菜のココナッツミルク煮、フィリピン）
パニポポ（サモアのココナッツパン）

デザート

アンブロシア（ココナッツ入りフルーツサラダ、アメリカ）

「9種の縁起のよいタイのデザート」
バルフィ（ココナッツミルクを使った甘くて柔らかいファッジのようなスイーツ、インド）
マカプノココナッツのアイスクリーム（フィリピン）
バナナの葉で包んだベトナムの結婚もち
ココナッツを入れるかトッピングにする、あるいはその両方の世界各地の各種ココナッツケーキ：レーンケーキ（アメリカ）、ラミントンケーキ（オーストラリア）、トト（ジャマイカ）、クイーン・エリザベス・ケーキ（イギリス）
ココナッツマカルーン
アイリッシュ・ポテト
砂糖漬けココナッツ（ベトナム）
カオニャオマムアン（もち米とマンゴーのデザートのココナッツクリームソースがけ、タイ）
ソンビ（アフリカのココナッツプディング）
ウベ・マカプノケーキ（フィリピン）

◉ココアナッツ・パフ

『植民地プランテーションの料理：ハリオット・ピンクニー・ホリーのレシピブック *A Colonial Plantation Cookbook: The Receipt Book of Harriott Pinckney Horry*』（1770年）より。

ココアナッツを火の前でよく乾かしてからすりおろし、さじ山盛り1杯のバター、好みの量の砂糖、卵6個（白身は半分）、ローズウォーターさじ2杯をくわえて、よく混ぜる。オーブンに入れる前にしっかりかき混ぜること。

……………………………………………

◉ココアナッツ・クリーム

メアリー・ランドルフ『バージニアの主婦 *The Virginia Housewife*』（1824年）より。

シェルから実を取り出して皮をむき、細かくすりおろす。1クォート（950ml）の生クリームと混ぜ合わせ、甘味をつけて、冷凍する。実が小さい場合は、1クォートの生クリームに対して1個半を使う。

……………………………………………

◉ココアナッツ・プディング

イライザ・レスリー『ペーストリー、ケーキ、砂糖菓子のレシピ75種 *Seventy-five Receipts for Pastry, Cakes and Sweetmeats*』（1828年）より。

すりおろしたココアナッツ…115g
白い粉砂糖…115g
新鮮なバター…100g
卵白…6個分
ワインとブランデーを合わせたもの…グラス半分
ローズウォーター…小さじ半分

1. ココアナッツを割り、茶色い薄皮をナイフでていねいに取り除く。冷たい水で洗って、清潔なふきんで水気をとる。計量し、115g分を細かくすりおろして、スープ皿に入れておく。
2. バターと砂糖をクリーム状になるまでかき混ぜ、酒類とローズウォーターを少しずつくわえる。
3. 卵白6個分をツノが立つまで泡立て、2に少しずつ混ぜ込む。しっかり混ぜながら、1のココアナッツを少しずつ

ふりまくように入れる。最後によく混ぜる。

4. パイ生地を用意して、スープ皿全体を覆うように敷き詰める。3 を流し入れて、中温のオーブンで約 30 分焼く。
5. パイが冷めたら、ローフシュガー（円錐形の砂糖のかたまり）をおろしながらふりかける。

………………………………………………

◉ビートン夫人のココナッツスープ「ポタージュ・オ・ノワ・ド・ココ」

『ビートン夫人の家政読本 *Mrs Beeton's Household Management*』（1861 年）より。

二番だし［普通のだし、あるいは家庭のだしと呼ばれることもあるだしで、一度だしをとった肉の骨を再度煮立ててとるもの］…1.9 リットル
すりおろしたココナッツ…115*g*、できれば生のもの。乾燥ココナッツを使う場合はあらかじめ少量のだしに 2 ～ 3 時間浸しておく。
米粉…60*g*
生クリーム…大さじ 2
メース、塩、コショウ

1. 沸騰させただしにメースの小片とココナッツをくわえて、弱火で 1 時間煮る。
2. 米粉を少量のだしで溶き、再び沸騰させた 1 のだしにくわえて、かき混ぜながら 10 分ほどぐつぐつ煮る。
3. 味を調え、生クリームをくわえて食卓へ。

………………………………………………

◉タイソン夫人のココナッツマカルーン

『サラ・タイソン・ローラーほか有名シェフによるココアナッツのレシピ厳選 60 品 *Sixty Selected Cocoa-nut Receipts by Sarah Tyson Rorer and Other Famous Cooks*』（1900 年）より。

1. 卵白 5 個分をかたく泡立て、ふるいにかけた粉砂糖 230*g* とダナムズ・ココアナッツ［乾燥ココナッツ］140*g* をていねいに混ぜ入れる。
2. 軽く混ぜてからスプーン 1 杯ずつ油紙の上に落とし、低温のオーブンで 20 分焼く。冷めてから油紙の下側を湿らせると、マカルーンをはがしやすい。

………………………………………………

19 世紀の料理本の材料リストには、国内の商品ブランド、大量生産食品、世界情勢の影響が色濃く表れている。「ベイカーズ・ココナッツ」と「ダナムズ・ココアナッツ」もその一例だ。

◉ダナム・ココナッツ・サプライズ

グッド・ハウスキーピング誌に掲載されたダナム社の広告（1903 年）より。

1. 「ダナムズ・ココアナッツ」1 パックをきざみ、少量の熱湯で柔らかくする。
2. 粉砂糖小さじ 4 をくわえる。
3. スライスしたパンかスポンジケーキに 2 を薄く塗る。

4. もうひとつ層を重ねてから、ピラミッド形の「ゼリー」を盛る。

◉ワトソン夫人のトーストココナッツクリームパイ

www.chowhound.com「タヴァーン・レストランのココナッツクリームパイ」より。

ゼラチン…1 袋（7*g*）
冷たい牛乳…80*ml*
卵…3 個（卵黄と卵白に分ける）
砂糖…60*g*
牛乳…160*ml*
塩…ひとつまみ
ホイップ用生クリーム…240*ml*
バニラ…小さじ 2
25cm のパイ皮…1 枚（焼いて冷ましておく）
ココナッツ…100*g*（トーストする）

1. ゼラチンを 80*ml* の冷たい牛乳に溶かして寝かせておく。
2. 卵を黄身と白身に分け、黄身に 60*g* の砂糖をくわえて泡立て器でよく混ぜる。
3. 160*ml* の牛乳を沸騰する直前まで熱し、2 をくわえて、もったりするまで加熱する。
4. 火からおろして 1 のゼラチンをくわえ、固まるまでおよそ 30 分冷蔵庫で冷やす。
5. 卵白に塩ひとつまみをくわえて泡立て、4 に混ぜ込む。
6. 生クリームを泡立て、バニラをくわえて、5 に混ぜ入れ、パイ皮に詰める。
7. ココナッツを黄金色になるまでトーストして冷まし、パイの上にふりかける。
8. 冷蔵庫で数時間冷やす。

◉ミシェル・オバマの皮なしココナッツパイ

「大統領就任式の日をおいしく迎えるオバマ家のレシピ」ビル・ケネディ、プレイン・ディーラー紙、www.cleveland.com（2019 年 11 月 2 日現在）より。

バター…60*g*
砂糖…190*g*
卵…3 個
牛乳…240*ml*
小麦粉…60*g*
ココナッツフレーク…100*g*
バニラ…小さじ 1
ひきたてのナツメグ…小さじ ½
ホイップクリームをのせるか、ライムかレモンのスライス、あるいはミント 1 枝などを飾ってもよい。

1. バターと砂糖をクリーム状になるまで混ぜてから、卵をひとつずつくわえる。
2. 1 に牛乳と小麦粉をくわえてよく混ぜ合わせる。
3. ココナッツ、ナツメグ、バニラを混ぜ入れる。

4. できあがった生地をパイ皿に注いで、180℃のオーブンで45分焼く。

………………………………………………

◉エドナ・ルイスの有名なココナッツ・レーンケーキ

『エドナ・ルイスの料理の本 *The Edna Lewis Cookbook*』（1972年）、www.oprah.com（2021年4月12日現在）より。

ケーキ
バター…230*g*、室温にもどしておく
ケーキ用小麦粉…435*g*
ベーキングパウダー…大さじ1
塩…小さじ¼
牛乳…240*ml*、室温にもどしておく
バニラエキス…小さじ1
砂糖…380*g*
卵白…卵（大）8個分、室温にもどしておく

アイシング
卵黄…卵（大）12個分
砂糖…225*g*
無塩バター…170*g*、溶かす
ピーカンナッツ…150*g*、細かくきざむ
レーズン…240*g*、細かくきざむ
甘くないココナッツフレーク…115g
バニラエキス…小さじ1½
バーボン…120*ml*

ケーキ
1. オーブンを160℃に予熱する。
2. 23*cm*のケーキ型3個にバター（分量外）を塗り、小麦粉（分量外）をふるう。
3. ボウルに小麦粉、ベーキングパウダー、塩を合わせてふるい入れておく。
4. 別の小型のボウルに牛乳とバニラエキスを混ぜ合わせておく。
5. バターと砂糖をふわふわのクリーム状になるまで混ぜ、3と4を数回に分けて交互にくわえる。そのとき、3の小麦粉から始めて、最後も小麦粉で終わるようにすること。
6. 別のボウルで柔らかいツノが立つまで卵白を泡立てる。
7. 5の生地にまず卵白の⅓を混ぜ入れてから、残りの卵白をていねいに混ぜ込む。
8. できあがった生地を2のケーキ型3個に分け入れ、オーブンで20～25分焼く。
9. 焼き上がったらワイヤーラックにのせて10分冷ます。
10. ケーキ型の側面にナイフを入れてケーキを取り出し、ワイヤーラックに逆さまにのせて、完全に冷ます。

アイシング
1. 中くらいの片手なべを中火にかけ、卵黄と砂糖を泡立て器でかき混ぜながら砂糖を溶かし、そのまま混ぜながら溶かしバターをくわえて、スプーンの裏をコーティングできるくらいのとろみがつくまで、1～3分加熱する。ぐつぐつ沸騰させないこと。
2. ピーカンナッツ、レーズン、ココナ

ッツをくわえて1分加熱する。
3. 火からおろして、バニラとバーボンをくわえ、室温まで冷ます。
4. 3段重ねケーキのあいだにアイシング240gを塗り広げ、残りは側面と上面に使う。

……………………………………………

◉ヒンドゥー・ココナッツスープ

「ココナッツメニュー」www.theoldfoodie.com に転載されたランド紙（シドニー、オーストラリア、1922年9月15日付）の記事（2021年5月10日現在）より。

1. 950mlの野菜だしに生のココナッツ半分の果肉をおろしてくわえる。
2. 弱火で20分煮てから、チーズクロス［細かいメッシュの綿の布］でこす。
3. レモンジュースと調味料で味を調える。
4. 溶いた卵黄2個分に3を注ぎ、とろみがつくまで二重なべで加熱する。
5. 炊いた米にスープを添えて食卓へ。

……………………………………………

◉ココナッツ粉のブラウニー

ブルース・ファイフ著『ココナッツ粉を用いた料理 *Cooking with Coconut Flour*』（2005年）より。

ココナッツオイル…75g
ココアパウダー…40g
卵…6個
砂糖…190g
塩…小さじ½
バニラ…小さじ½
ココナッツ粉…60g、ふるっておく
あらびきナッツ…100g（お好みで）

1. 片手なべにココナッツオイルとココアパウダーを入れて弱火にかけながら混ぜ合わせ、火からおろして冷ましておく。
2. ボウルに卵、砂糖、塩、バニラを入れて混ぜ、冷めた1をくわえる。
3. ココナッツ粉をくわえて、だまがなくなるまで混ぜる。
4. ナッツを混ぜ入れる。
5. 油（分量外）を塗った縦横20cm、深さ5cmのオーブン皿8個に生地を流し込む。
6. 120℃のオーブンで30～35分焼く。

……………………………………………

◉新鮮なココナッツのサンボル

スリランカ、バリ島、フィリピン、インドにおける著者の料理学校での体験から。

指の長さくらいの乾燥赤唐辛子をきざんだもの…小さじ1
みじん切りにしたタマネギ…大さじ1
コショウ…小さじ1
モルディブ乾燥魚パウダー…小さじ1、これはスリランカでよく用いられている干しマグロ粉だが、同量の干しエビ粉や魚醤でも代用可。
すりおろしたてのココナッツ…200g
ライムまたはレモン汁…大さじ3
塩（適宜）

1. 唐辛子、タマネギ、コショウ、モルディブ魚パウダーまたは干しエビ粉または魚醤をブレンダーで細かくする。
2. ココナッツをくわえる。
3. ライムまたはレモン汁と塩で味を調えて、手でよく混ぜ合わせる。

注

序章　熱帯生まれの人気者

(1) Jennifer Epstein, 'On a Beach', www.politico.com, 10 June 2014.

(2) Diana Lutz, 'Deep History of Coconuts Decoded', https://source.wustl.edu, 24 June 2011.

(3) Kenneth P. Emory, 'Every Man His Own Robinson Crusoe', *National History Magazine* (June 1943).

(4) Kat Eschner, 'Why JFK Kept a Coconut Shell in the Oval Office', www.smithsonianmag.com, 2 August 2017.

(5) Charles Darwin, *The Foundation of the Origin of Species: Two Essays Written in 1842 and 1844*, ed. Francis Darwin (Cambridge, 1909), 複写は http://darwin-online.org.uk で入手可能 , 2019 年 11 月 7 日アクセス .

(6) Harold Hamel Smith and Fred Pape, 'Foreword', in *Coconuts: The Consols of the East* (Charleston, SC, 2010), p. xvi.

第 1 章　ルーツからフルーツまで

(1) Fred Gray, *Palm* (London, 2018), p. 68.［フレッド・グレイ『ヤシの文化誌』上原ゆうこ訳／原書房／ 2022 年］

(2) Alastair Bland, 'The Tallest, Strongest and Most Iconic Trees in the World', www.smithsonian.com, 5 July 2012.

(3) Annie Deeter, *The Coconut Bible: The Complete Coconut Reference Guide* (London, 2015), p. 60.

(4) Mike Foale and Hugh Harries, 'Farm and Forestry Production and Marketing Profile for Coconut (Cocos nucifera)', in *Specialty Crops for Pacific Island Agroforestry: Permanent Agriculture Resources*, ed. C. R. Elevitch (Holualoa, HI, 2011), p. 6.

(5) S. C. Ahuja et al., 'Coconut: History, Uses, and Folklore', *Asian Agri-history*, XVIII/3 (2014), pp. 221–48.

(6) Abayomi Jegede, 'Top 10 Largest Coconut Producing Countries in the World', www.thedailyrecords.com, 1 January 2019.

(7) 同上

(8) Food and Agriculture Organization of the United Nations (FAO), 'Coconut Infor-

mation Sheet', www.fao.org, January 2001.

(9) Bland, 'The Tallest'.

(10) Foale and Harries, 'Farm and Forestry Production and Marketing Profile for Coconut (Cocos nucifera)', pp. 13–15.

(11) Hubert Omont, 'Information Sheet, Coconut', www.agris.fao.org, 2019年11月20日アクセス．

(12) Winner, 'Economic Potential Unlocked in Coconut', www.winner-tips.org, 2019年11月20日アクセス．

(13) Justin William Moyer, 'The Murky Ethics of Making Monkeys Pick Our Coconuts' ,*Washington Post* (10 October 2015) で取り上げられている．

(14) E. W. Gudger, 'Monkeys Trained as Harvesters', *Natural History*, www.naturalhistorymag.com, 2019年11月21日アクセス．

(15) Christian Kracht, *Imperium: A Fiction of the South Seas* (New York, 2016) を参照されたい．

(16) Jan Dodd, *The Rough Guide to Vietnam* (London, 2003), p. 142.

(17) Ahuja et al., 'Coconut: History, Uses, and Folklore', p. 233.

(18) E. B. Lima et al., 'Cocos nucifera (L.) (Arecaceae): A Phytochemical and Pharmacological Review', *Brazilian Journal of Medical and Biological Research*, XL/11 (August 2015), pp. 953–64.

(19) Ashley Mays, 'Coconut Oil Isn't Healthy. It's Never Been Healthy', *USA Today* (21 June 2017); J. J. Virgin, 'Yes, Coconut Oil Is Still Healthy. It's Always Been Healthy', www.huffpost.com, 26 June 2017.

(20) Deeter, *The Coconut Bible*, p. 118.

(21) 'Coconut Oil', *The Nutrition Source, Harvard School of Public Health*, www.hsph.harvard.edu, 14 June 2020年6月14日アクセス．

(22) Ahuja et al., 'Coconut: History, Uses, and Folklore', p. 228.

第２章　古くから伝わる寓話

(1) Raden S. Roosman, 'Coconut, Breadfruit and Taro in Pacific Oral Literature', *Journal of the Polynesian Society*, LXXIX/2 (June 1970), pp. 219 –32.

(2) N. M. Nayer, *The Coconut: Phylogeny, Origins and Spread* (Cambridge, MA, 2017), p. 56.

(3) B. F. Gunn et al., 'Independent Origins of Cultivated Coconut (Cocos nucifera L.) in the Old World Tropics ', *Plos One* (22 June 2011), p. 1.

(4) Nayer, *The Coconut*, p. 14.

(5) H. C. Harries and C. R. Clement, 'Long-distance Dispersal of the Coconut Palm by Migration within the Coral Atoll Ecosystem', *Annals of Botany*, CXIII/4 (March 2014), pp. 565–70.

(6) Rachel Laudan, *Cuisine and Empire: Cooking in World History* (Berkeley, CA, 2015), p.20.［レイチェル・ローダン『料理と帝国：食文化の世界史：紀元前 2 万年から現代まで』ラッセル秀子訳／みすず書房／ 2016 年］

(7) The Tales of Sinbad, *The Fifth Voyage of Sinbad the Seaman, 17th–18th century*, https://middleeast.library.cornel.edu, 2021 年 4 月 15 日アクセス．

(8) Thomas Wright, ed., *The Travels of Marco Polo* (London, 1854) を参照されたい．［マルコ・ポーロ『東方見聞録』］

(9) Tim Mackintosh-Smith, ed., *The Travels of Ibn Battutah by Ibn Battutah* (New York, 2016).

(10) Charles Clement, 'Coconuts in the Americas', *Botanical Review*, LXXIX (2013), pp. 342–70.

(11) Jonathan D. Sauer, *Historical Geography of Crop Plants: A Select Roster* (New York, 1993), p. 188.

(12) Jonathan Jones, 'James Cook: The Voyages Review: Eye-opening Records of Colliding Worlds', www.theguardian.com, 26 April 2018.

(13) Annie Deeter, *The Coconut Bible: The Complete Coconut Reference Guide* (London, 2015), p. 26.

(14) 同上

(15) David Leeming, *The Oxford Companion to World Mythology* (Oxford, 2005), p. 201.

(16) 同上 , p. 181.

(17) 'Coconut and Soap: Is There a Connection?', *Fish Friers Review* (October 1988), p.22.

(18) 'Best Type of Oil for Deep Frying Fish', www.webstaurantstore.com, 2019 年 11 月 21 日アクセス．

(19) 'Glycerin Soap and Glycerin', www.chagrinvalleysoapandsalve.com, 29 July 2014 .

(20) Jagath C. Savandasa, 'Coco Info Highlights History, Challenges, and Changes Necessary', https://island.lk, 8 August 2011.

(21) Jerry Lorenzo, *Coconut Champion: Franklin Baker Company of the Philippines* (Makati, 2016), p. 46.

(22) Brian Gray and Connie Lo, 'The Story of Sriracha Is the Story of America', www.

vice.com, 9 September 2019.

第３章　東南アジアと中国

(1) Tien Ly, 'Traditional Cakes of Vietnam (Lunar New Year Edition)', https://guide.cmego.com, 18 January 2019.
(2) 'In Vietnam Coconut Worms Still Sold Openly Despite Ban', https://tuoitrenews.vn, 11 August 2016.
(3) Nicholas Lander, 'Thai Cuisine in British Pubs', *Financial Times*, www.ft.com, 31 January 2009.
(4) Vivienne Kruger, *Balinese Food: The Traditional Cuisine and Food Culture of Bali* (North Clarendon, VT, 2014), pp. 18–19.
(5) 同上 , p. 30.
(6) Adi Renaldi, 'Do We Bury Our Baby's Placenta Out of Myth or Medical Necessity?', www.vice.com, 5 October 2017.
(7) Tim Cheung, 'Your Pick: World's 50 Best Foods', https://edition.cnn.com, 12 July 2017.
(8) Edira Putri, 'The Philosophy of Rendang Curry', https://theculturetrip.com, 25 October 2018.
(9) Kruger, *Balinese Food*, p. 26.
(10) Daniel Lawrence, 'Chinese Experts Teach Coconut Carving Techniques in Seychelles', www.seychellesnewsagency.com, 30 September 2017.
(11) 'Folklore of Hainan-coconut', www.absolutechinatours.com, 2019 年 11 月 8 日アクセス .
(12) Li Anlan, 'Cuckoo for Coconuts! Tropical Fruit a Hainan Staple', https://archive.shine.cn, 10 June 2015.
(13) 'Wenchang Chicken', www.ehainan.gov.cn, 2019 年 11 月 7 日アクセス .
(14) Laurie Chen, 'Coconut Milk Gives You Bigger Breasts, Chinese Drink Ad Insists', www.scmp.com, 13 February 2019.

第４章　南アジア

(1) 'A Lovely Bunch of Coconuts', http://museumblog.winterthur.org, 25 November 2015.
(2) N. M. Nayer, *The Coconut: Phylogeny, Origins, and Spread* (Cambridge, MA, 2017), p.18.

(3) L. N. Revathy, 'Marico Aims to Give Coconut Farming a Boost Through Kalpavriksha Program', www.thehindubusinessline.com, 17 September 2018.
(4) 'India: On the Coconut Palm', www.earthstoriez.com, 2019 年 11 月 10 日アクセス．
(5) Nayer, *The Coconut*, p. 18.
(6) 'Attukal Pongala', www.keralatourism.com, 2019 年 11 月 11 日アクセス．
(7) Alka Ranjan, ed., *The Illustrated Mahabharata: The Definitive Guide to India's Greatest Epic* (London, 2017), p. 83.
(8) Dovita Aranha, 'Queen of Spice: The Mumbai Homemakers Keeping Bottle Masala Tradition Alive', www.thebetterindia.com, 20 May 2019.
(9) A.G.S. Kariyawasan, *Buddist Ceremonies and Rituals of Sri Lanka* (Kandy, 1995), pp. 6–9.
(10) 'Everything You Need to Know About Sri Lankan Kiribath', www.thatswhatshehad.com, 18 July 2016.
(11) 同上
(12) 'Sri Lankan Cuisine', https://lakpura.com, 2019 年 11 月 11 日アクセス．
(13) A. M. Cassim, 'Brace Yourself: Watalappam Season is Here', https://roar.media, 5 July 2016.
(14) Marianne North, *Recollections of a Happy Life* (New York, 1894), p. 322.
(15) Official Guide to the North Gallery, R*oyal Gardens Kew* [1914], 6th edn (London, 2009), p. 35.

第5章　南太平洋とフィリピン

(1) R. S. Roosman, 'Coconut, Breadfruit and Taro in Pacific Oral Literature', Journal of Polynesian Society, XXIX/2 (June 1970), pp. 219 –32.
(2) Dorothee van Hoerschelmann, 'The Religious Meaning of the Samoan Kava Ceremony', Anthropos, CX (1995), pp. 193 –5.
(3) Stephen Boykewich, 'Corporate Green, Meet Coconut Theology', https://sojo.net, 11 November 2011 で取り上げられている．
(4) Tori Avey, 'Paul Gauguin – His Life, His Work, His Menus', https://toriavey.com, 5 June 2015.
(5) Paul Laudon, *Matisse in Tahiti* (Paris, 1999), p. 44.
(6) Veronica S. Schweitzer, 'Coconut', www.coffeetimes.com, 2019 年 11 月 11 日アクセス．

(7) 'PH Makapuno Industry Kicks off in Toronto', www.dfa.gov.ph, 11 September 2018.

(8) Josephine Cunets, 'Food Fridays: Sweet as Coconut Pie, Philippine Style', www.wsj.com, 25 October 2013 .

第6章　アフリカと中東

(1) Som Prakash Verma, *The Illustrated Baburnama* (New York, 2016), p. 351.

(2) The Heritage Lab, 'A History of Mughal Cuisine Through Cookbooks', www.theheritagelab.in, 23 January 2017.

(3) 同上

(4) Tim Mackintosh, ed., *Travels of Ibn Battutah* (London, 2003), p. 81.

(5) Adam Liaw, 'Kuku Paka (African Chicken and Coconut Curry)', www.goodfood.com.au, 2021 年 4 月 9 日アクセス .

(6) Sneha Datar, 'Chaklama – Omani Baked Coconut Sweet', www.snehasrecipe.blogspot.com, 2019 年 11 月 11 日アクセス .

(7) Salma Yassin, 'Coconut Addicted! ... Here's Egyptian Sobia Drink', www.see.news.com, 7 May 2019.

(8) Ruth Oliver, 'Stock Up on Coconut', *Jerusalem Post*, 14 March 2013 .

(9) 'Coconut and Lemons Peri-Peri Sauce', www.nandos.com, 2019 年 11 月 11 日アクセス .

(10) 'East African-inspired Coconut Curry Rice (Wali Wa Nazi)', https://foodsfromafrica.com, 9 July 2016.

(11) Gabeba Baderoon, *Regarding Muslims: From Slavery to Post-Apartheid* (Johannesburg, 2014), p. 93.

(12) 'Coco de Mar: A Delicious Fruit with a Suggestively Shaped Seed', www.atlasobscura.com, 2019 年 11 月 21 日アクセス .

(13) Mike Benayoun, 'Angola: Cocada Amarela', www.196flavors.com, 2019 年 11 月 11 日アクセス .

(14) Michael Ashu Agbor and Sudeshni Naidoo, 'Ethnomedicinal Plants Used by Traditional Healers to Treat Oral Health Problems in Cameroon', *Journal of Evidence-based Complementary and Alternative Medicine*, www.pubmed.ncbi.nlm.nih.gov, 1 October 2015.

第７章　ヨーロッパとアメリカ大陸

(1) Daniel Robinson, *Confronting Biopiracy* (New York, 2010), p. 4.
(2) 同上
(3) Mary Anne Hines et al., *The Larder Invaded: Reflections on Three Centuries of Philadelphia Food and Drink* (Philadelphia, PA, 1987), pp. 73–4.
(4) Richard J. Hooker, ed., *A Colonial Plantation Cookbook: The Receipt Book of Harriott Pinckney Horry, 1770* (Columbia, SC, 1984), p. 71.
(5) Founding Fathers Consortium Catalog, MRC 14855246 Record number 7601, Founding Fathers Library Consortium, Mount Vernon, Virginia.
(6) Mount Vernon の司書 Mary V. Thompson, Fred W. Smith National Library for the Study of George Washington へのインタビューと通信文 , 2019 年 10 月 .
(7) Martha Stewart, 'Mashed Red Curry Sweet Potatoes', www.marthastewart.com, 2019 年 11 月 12 日アクセス .
(8) Marie Kimball, *Thomas Jefferson's Cookbook* (Greenville, MS, 2004), pp. 101–3.
(9) 同上
(10) Kathleen E. Kennedy, 'Why 19th Century Americans Drank from Coconut Shells', www.atlasobscura.com, 4 December 2017.
(11) Charles Phoenix, 'Bambrosinana', www.splendidtable.org, 2019 年 11 月 12 日アクセス .
(12) 'Laura Bush's Texas Buttermilk Coconut Pie with Whipped Cream', www.americastable.com, 4 November 2014 ; Martha Mueller Neff, 'Obama Family Recipes to Meet Inauguration Day in Good Taste', www.cleveland.com, 13 January 2009.
(13) Nelly Lambert, 'A Coconut Cake from Emily Dickinson: Reclusive Poet, Passionate Baker', www.npr.org, 20 October 2011.
(14) 'Alice B. Toklas and Her Cook Book – Part Two', www.onecrumbatatime.blogspot.com, 6 September 2011.
(15) Gil Marks, 'American Cakes – Lane Cake', www.toriavey.com, 11 November 2014.
(16) 'Is German Chocolate Cake Really German?', www.kitchenproject.com, 2019 年 11 月 12 日アクセス .
(17) 'Presidential Recipes', https://theamericanmoms.com, 2019 年 11 月 12 日アクセス .
(18) 'The "Cocoanut" Ice Challenge', https://blogs.sydneylivingmuseums.com.au, 20 November 2014 .

(19) 'Bermuda Witches', www.foodsofengland.co.uk, 2019 年 11 月 12 日アクセス .
(20) 'Lamington Cake History and Recipe', https://whatscookingamerica.net, 2019 年 11 月 12 日アクセス .
(21) Isabella Beeton, *Mrs. Beeton's Household Management* (London, 1899), p. 150.
(22) Alice B. Toklas, *The Alice B. Toklas Cookbook* (New York, 2010), p. 117.
(23) 'The Cocadas of Cartagena', https://donde.co, 2019 年 11 月 14 日アクセス .
(24) Olivia Mesquita, 'Brazilian Moist Coconut Cake', www.oliviacuisine.com, 16 April 2016.
(25) Abdul Rob, 'The Origins of Slave Food: Callaloo Dumplings and Saltfish', www.blackhistorymonth.org, 20 December 2016.
(26) Miss G, 'Miss G's Simple Jamaican Sweet Potato Pudding Recipe', https://jamaicans.com, 2019 年 11 月 14 日アクセス .
(27) 'Jamaican Run Down', www.africanbites.com, 11 May 2015.
(28) Steve Bennett, 'Saoco Recipe: A Refreshing Taste of Old Cuba Campesino Life', www.uncommoncaribbean.com, 2019 年 11 月 14 日アクセス .
(29) Magdalena Ferran, '19 Popular Puerto Rican Foods You Should Try Before You Die', www.spoonuniversity.com, 2019 年 11 月 14 日アクセス .
(30) ' About the Guna Indians', https://sanblas-islands.com, 2019 年 11 月 14 日アクセス .

第８章　ココナッツの未来

(1) 'Coconut Products Market Study', Globe Newswire,　www.globesnewswite.com, 22 February 2020.
(2) A. Karun et al., 'Coconut (Cocos nucifera L.) Pollen　Cryopreservation', Cryoletters, XXXV/5 (September 2014), pp. 407–17.
(3) C. Saensuk et al., '*De Novo* Transcriptome Assembly and Identification of the Gene Conferring a "Pandan-like" Aroma in Coconut (*Cocos nucifera* L.)', *Plant Science*, CCLII　(November 2016), pp. 324–34.
(4) 'Government Supports Coconut Farmers', www.businessghana.com, 18 March 2018.
(5) D. Rezende, et al., 'Estimated Crop Loss Due to Coconut Mite and Financial Analysis of Controlling the Pest Using the Acaricide Abamectin', *Experimental and Applied Acarology*,　LXIX/3 (July 2016), pp. 297–310.
(6) 'Coconut Oil', The Nutrition Source, Harvard School of Public Health, www.hsph.

harvard.edu, 2020 年 6 月 14 日アクセス．
(7) P.I.C. Richardson et al., 'Detection of the Adulteration of Fresh Coconut Water via NMR Spectroscopy and Chemometrics', *Analyst*, CXLIV/4 (11 February 2019), pp. 1401–8.
(8) 'Hamona, The Premium Coconut', https://hamonacoconut.com, 2019 年 11 月 21 日アクセス．
(9) A. Naik et al., 'Production of Coconut Protein Powder from Coconut Wet Processing Waste and Its Characterization', *Applied Biochemistry and Biotechnology*, CLXVII/5 (July 2012), pp. 1290–1302.
(10) Katherine Martinko, 'Cutting Out Meat and Dairy Is the Best Thing You Can Do for the Planet', www.treehugger.com, 2011 年 11 月 11 日アクセス．
(11) Jerry Lorenzo, *Coconut Champion: Franklin Baker Company of the Philippines* (Makati, 2016), p. 235.
(12) Artemas Ward, *The Encyclopedia of Food* (New York, 1923), p. 124.

コンスタンス・L・カーカー（Constance L. Kirker）
ペンシルベニア州立大学元教授（美術史）。カリナリー・インスティテュート・オブ・アメリカシンガポール分校でも教鞭をとる。ガーデニング、フラワーデザイン、食文化に造詣が深い。著書にニューマンとの共著『食用花の歴史』『桜の文化誌』（原書房）がある。

メアリー・ニューマン（Mary Newman）
オハイオ大学元教授。毒物学博士。公共経営学博士。ガーデニングを愛するかたわら、ウエディングケーキのデザインも手がける。アメリカに本部を置く国際料理専門家協会 (IACP) 会員。著書にカーカーとの共著『食用花の歴史』『桜の文化誌』（原書房）がある。

大槻敦子（おおつき・あつこ）
慶應義塾大学卒。訳書に『鉄道の食事の歴史物語：蒸気機関車、オリエント急行から新幹線まで』『ミラーリングの心理学：人は模倣して進化する』『歴史を変えた自然災害：ポンペイから東日本大震災まで』『骨が語る人類史』『人が自分をだます理由：自己欺瞞の進化心理学』『ネイビー・シールズ最強の狙撃手』（以上原書房）などがある。

「食《しょく》」の図書館《としょかん》

ココナッツの歴史《れきし》

●

2022年9月28日　第1刷

著者……………コンスタンス・L・カーカー、メアリー・ニューマン
訳者……………大槻敦子《おおつきあつこ》
装幀……………佐々木正見
発行者……………成瀬雅人
発行所……………株式会社原書房

〒160-0022 東京都新宿区新宿 1-25-13
電話・代表 03(3354)0685
振替・00150-6-151594
http://www.harashobo.co.jp

印刷……………新灯印刷株式会社
製本……………東京美術紙工協業組合

ISBN 978-4-562-07213-2, Printed in Japan